Monika Mayer

Heiltees für Kinder

Verlag Peter Erd · München

Für
Viktoria und Antonia

1. Auflage 1998
Umschlaggestaltung: Friederike Lutz, Ulrich Ehrlenspiel
Umschlagfoto: Harald Menhorn
Illustrationen: Friederike Lutz
Redaktion: Sohan Böttler
Lektorat, Satz, Gestaltung: Friederike Lutz

ISBN 3-8138-0486-0

Inhalt

Einführung

Pflanzen waren neben Stoffen aus dem Mineral- und Tierreich die wichtigsten Arzneimittel unserer Vorfahren. Dies dürfte uns nicht weiter verwundern, denn die Pflanze, ein in sich vollkommenes Wesen und Wunder der Natur, faszinierte und inspirierte den Menschen schon von Beginn an. Durch Beobachtung und instinktive Anwendung fand er diejenigen Pflanzen, die sich als besonders heilkräftig erwiesen.

Zuerst wurden diese Erfahrungen mündlich weitergetragen oder mit den damals zur Verfügung stehenden Mitteln handschriftlich festgehalten. Später, mit Beginn des Buchdruckes, konnte das Wissen großflächig verbreitet und dadurch vielen Menschen zugänglich gemacht werden. »Das Kreuterbuch«, der Bestseller damaliger Zeiten, fehlte in fast keinem Haushalt und war so beliebt wie die Bibel. Es enthielt neben Ratschlägen für die Gesundheit auch Märchen und magische Rituale in Verbindung mit Pflanzen. Der Glaube des Volkes an die Pflanze und deren Heilkraft war um so größer, je mehr eine Pflanze mit Mythen und Sagen umwoben war. Ratschläge für die Gesundheit waren damals genauso wichtig wie der Schutz vor Geistern und überirdischen Mächten.

Mit Beginn des 19. Jahrhunderts entwickelte sich die »wissenschaftliche Medizin«, auch Schulmedizin genannt, und Pflanzen in Verbindung mit »nicht Faßbarem, Mystischem« paßten nicht mehr in diese neue Zeit. Altbewährtes und durch Erfahrung Gefundenes wurde durch vielversprechende chemische Arzneimittel ersetzt. Die Wirkung der Heilpflanzen wurde bagatellisiert und ihre Verwendung ging stark zurück.

Erst heute, da man die Wirksamkeit vieler Heilpflanzen auch wissenschaftlich untermauern kann, wandeln sich erneut die Zeiten. Man gelangt zur Einsicht, daß chemisch-synthetische Mittel neben positiven Wirkungen auch Neben- und Wechselwirkungen besitzen und langfristige Schäden verursachen können. Unschädliche Alternativen werden gesucht und in den Schätzen der Natur gefunden. Die Heilpflanzenkunde (Phytotherapie) erlebt als nebenwirkungsfreie Maßnahme zur Erlangung von Gesundheit eine Renaissance.

Um kein Mißverständnis aufkommen zu lassen: Chemische Medikamente haben auch heute noch ihre Daseinsberechtigung, sie sollten jedoch respektvoll und keinesfalls prophylaktisch eingesetzt werden. Besonders bei Kindern ist es wichtig, dies zu bedenken. Schäden des Immunsystems und Blockaden im kindlichen Organismus können so vermieden werden. Kinder sind noch relativ frei von den Belastungen, die das Leben im Laufe der Zeit als Spuren im Körper hinterläßt. Sie werden schnell krank, aber, bedingt durch ihren Stoffwechsel, auch schnell wieder gesund.

Heilkräuter unterstützen die natürlichen Abwehrkräfte und sind eine starke Waffe im Kampf gegen Krankheiten. Sie liefern dem Körper wertvolle biologische Stoffe, reinigen das Blut, entschlacken den Körper u.v.m. Darüber hinaus sind Heilpflanzen unschädlich und ohne Nebenwirkungen - vorausgesetzt natürlich, man wendet sie sachgemäß und mit Kenntnis der Krankheitsursache bzw. der richtigen Diagnose an.

Natürliche Heilanwendungen mit Heiltees

Kind und Krankheit

Krankheit wird im allgemeinen als etwas Negatives gesehen, da das Kind dadurch körperlich, seelisch und geistig aus dem Gleichgewicht geraten kann und auch das Lebensgefühl stark beeinträchtigt ist. Bei den sogenannten Kinderkrankheiten wird dies besonders deutlich, da sie oft mit erheblichen Krankheitssymptomen verbunden sind. Die Situation ist nicht alltäglich, und Eltern sind dann meist verunsichert, beunruhigt und hilflos. Machen Sie sich klar: Krankheit ist etwas Natürliches und Normales und eine gesunde Reaktion des Organismus! Der Körper versucht, sich selbst zu helfen.

Wenn Sie Ihrem Kind helfen wollen, unterdrücken Sie diese natürlichen Abläufe nicht mit chemischen Medikamenten und/oder symptomatischer Therapie. Versuchen Sie besser herauszufinden, ob die Erkrankung eventuell ein Signal dafür sein könnte, daß lebenswichtige physische (Ernährung u. a.) wie auch psychische (Liebe u. a.) Bedürfnisse Ihres Kindes nicht ausreichend erfüllt sind. Diese Betrachtungsweise und die Suche nach der Ursache sind wichtig, um das geeignete Heilmittel zu finden und die Krankheit gezielt zu behandeln.

Unterstützen Sie die Selbstheilungskräfte mit Naturheilmitteln, nur so werden das Immunsystem trainiert und die Organfunktionen gestärkt. Ihr Kind wird sich körperlich und geistig normal entwickeln und auf lange Sicht kräftiger, gesünder und belastbarer werden. Vertrauen Sie der Natur! Sie werden im Laufe der Zeit sicherer im Umgang mit Krankheiten und deren Behandlung mit »einfachen Mitteln«. Von dieser Sicherheit profitiert auch Ihr Kind, denn Sie strahlen dadurch Gelassenheit und Ruhe aus. Eine Atmosphäre von Vertrauen und Geborgenheit entsteht und schafft die Voraussetzung zur Heilung.

Ihr Kind ist während der Krankheit verstärkt auf Sie angewiesen, denn es benötigt intensivste Zuwendung, Pflege und Trost. Nehmen Sie sich Zeit und haben Sie Geduld mit den Heilkräften der Natur. Pflanzliche Heilmittel wirken sanft und brauchen manchmal auch ihre Zeit, um wirken zu können. Insbesondere dann, wenn vorher hauptsächlich mit chemischen Arzneimitteln behandelt wurde. In dieser Umstimmungsphase können Symptome kurzzeitig verstärkt auftreten, was als Zeichen einer Heilungsreaktion zu werten ist. Reduzieren Sie wenn nötig die Dosierung, aber setzen Sie das Heilmittel nicht ab. Sollten die Beschwerden dennoch unverändert weiter bestehen, sprechen Sie mit einem Naturheiltherapeuten über zusätzliche Maßnahmen. Krankheiten, bei denen Komplikationen zu erwarten sind, etwa bei Keuchhusten im Säuglingsalter, gehören in fachkundige Obhut, können jedoch sehr gut begleitend mit Heiltees behandelt werden.

Wichtige Regeln für die Verwendung von Heiltees bei Kindern

Sie fragen sich sicherlich: »Was kann, soll und darf ich tun, um meinem Kind zu helfen und ihm nicht zu schaden?« Es gibt ein paar wichtige Regeln im Umgang mit Heiltees, die Sie unbedingt beachten sollten:

1. Akute Erkrankungen im Säuglings- und Kindesalter verlaufen meist heftig und heilen auch ohne belastende chemische Arzneimittel. Hier sind Heiltees eine große Hilfe, denn sie

unterstützen die natürlichen Körpervorgänge, kräftigen die Organsysteme und aktivieren die Selbstheilungskräfte.

☆

2. Finden Sie zuerst die Ursache der Erkrankung heraus, nur so kann auch der passende Heiltee gefunden werden.

☆

3. Geben Sie nicht irgendeinen Heiltee nach dem Motto »Es kann ja nichts schaden«. Wählen Sie gezielt den Heiltee aus, der zu den Symptomen der Erkrankung Ihres Kindes paßt.

☆

4. Geben Sie Ihrem gesunden Kind nie länger als zwei Wochen einen bestimmten Heiltee. Folgendes könnte z.B. bei Kamillentee passieren: Kamillentee ist ein wirksames Mittel bei Reizungen der Magenschleimhaut. Wird Kamillentee von einem gesunden Menschen über längere Zeit in hoher Dosierung getrunken, führt der Tee genau zu der Erkrankung, gegen die er eigentlich helfen sollte, nämlich zu einer Magenschleimhautentzündung. Dieses Phänomen wird in der Homöopathie als Arzneimittelprüfung bezeichnet. Um dies zu vermeiden, sollten Sie Heiltees auch während einer Erkrankung wechseln. Sie setzen damit einen Reiz, und der Körper kann sich nicht an die Heiltees gewöhnen. Er bleibt damit wirkungsvoll! Eine Arzneimittelprüfung und die Ausbildung von Allergien werden verhindert.

☆

5. Bei bekannten Allergien gegen bestimmte Pflanzen meiden Sie diese und lassen Sie sich von einem Heilpraktiker mit Schwerpunkt Allergiebehandlung beraten. Die Bioresonanztherapie, Eigenbluttherapie, Homöopathie u.a. sind sehr gute Möglichkeiten in der Naturheilkunde, den chaotischen Stoffwechsel bei Allergien zu normalisieren. Auch bestimm te Pflanzen, ursächlich und gezielt eingesetzt, »wirken Wunder«.

6. Verwenden Sie Heilpflanzen mit genau bekannter Herkunft. Nur so können Sie sicher sein, daß Ihr Tee neben den wünschenswerten Inhaltsstoffen nicht noch Schadstoffe wie Spritz- und Düngemittel enthält. Apotheken und seriöse Kräuterhäuser untersuchen die Heilpflanzen stichprobenartig auf Rückstände. So können Sie sicher sein, daß es sich um reine, qualitativ hochwertige Pflanzen mit hohem Wirkstoffgehalt handelt. Werden die Heilpflanzen von Ihnen selbst gesammelt, halten Sie sich bitte an die unter »Sammeltips« angegebenen Richtlinien.

☆

7. Bei Kindern ist auf einen angenehmen Geschmack und Geruch des Heiltees zu achten. Sie reagieren sonst sehr ablehnend und weigern sich, den Tee trotz seiner Heilwirkung zu trinken. Zwingen Sie Ihr Kind nicht, den Tee zu trinken, sondern versuchen Sie es mit einer List. Erzählen Sie eine ausgedachte Geschichte oder ein Märchen in Verbindung mit dem Heiltee. Besonders kleine Kinder werden den Tee in dieser »Verpackung« bereitwillig trinken. Sie können auch den Geschmack und das Aussehen des Heiltees verbessern, indem Sie etwas Fruchtsaft oder Honig dazugeben. Im Laufe der Zeit kann die Zugabe von Obstsaft reduziert werden, so daß Ihr Kind den Tee auch »pur« trinkt.

☆

8. Versuchen Sie, mit der geringsten Dosierung zu heilen, und nehmen Sie sich die Arndtsche Regel zu Herzen, die besagt, daß »schwache Reize die Lebensfähigkeit anfachen, mittelstarke fördern sie, starke hemmen sie und stärkste heben sie auf«. Einfacher ausgedrückt: »Viel hilft nicht immer viel!«

☆

9. Halten Sie sich am Anfang an die angegebene Dosierung. Im Laufe der Zeit werden Sie ein Gespür für den kindlichen

Organismus bekommen und Ihre eigene Vorgehensweise entwickeln.

☆

10. Beschwerden, die länger als eine Woche anhalten, sollten unbedingt von einem Naturheiltherapeuten abgeklärt werden. Nur so kann die Ursache aufgedeckt und eine Erkrankung gezielt therapiert werden.

☆

11. Wenn die Beschwerden während der Teekur verschwinden und danach erneut »aufflackern«, wurde die Ursache der Erkrankung außer acht gelassen. Ein Naturheiltherapeut kann Ihrem Kind in diesem Fall weiterhelfen.

☆

12. Kommt es während einer Erkrankung zu Bewußtseinsstörungen, Lähmungen, Atembeschwerden und unklaren oder starken Schmerzen, muß unbedingt sofort ein Arzt hinzugezogen werden!

☆

13. Unklare Beschwerden, die über das Maß des Alltäglichen hinausgehen, gehören in die Hände des Naturheiltherapeuten.

Wie bringe ich mein Kind dazu, Tee statt Limo zu trinken?

Vor einiger Zeit, als ich selbst noch ein Kind war, stand auf der Anrichte in unserer Küche eine große, weiße Porzellankanne, die jeden Tag mit Tee gefüllt war. Kein Schwarztee, sondern Kräuter- und Früchtetee, denn er war für meine Schwester und mich bestimmt. Meine Mutter kochte immer eine andere Sorte, und wenn wir erkältet waren, bekamen wir eine Mischung aus Holler- und Lindenblüten verabreicht. Wir Kinder protestierten gelegentlich, denn die Tees waren ungesüßt und schmeckten nicht wie »Limo«. Hatten wir jedoch Durst, wählten wir den Tee oder Wasser, auch wenn Limonade zur Auswahl stand. Jetzt, im nachhinein, bin ich meiner Mutter dankbar für ihre Hartnäckigkeit. Es kostete sie bestimmt so manchen Nerv, standhaft zu bleiben. Limonaden waren und sind auch jetzt, in meinem Haushalt mit zwei Kindern, eine Rarität. Es wurde mir schon als Kind bewußt, daß diese süßen Getränke den Durst nicht löschen, und als Erwachsener kam die Einsicht dazu, daß sie zudem ungesund sind.

Die Gesundheit und das Wohl Ihres Kindes liegt in Ihrer Hand. Kinder können meist noch nicht die Tragweite und Auswirkungen Ihrer Entscheidungen erfassen, so daß wir Eltern die Aufgabe übernehmen müssen, zu lenken und zu führen. Positive Lebenseinstellung und gesunde Ernährung sollen für Ihr Kind selbstverständlich werden. Das funktioniert jedoch nur, wenn Sie als Erwachsener Ihrem Kind diese Lebensführung vorleben. Kinder orientieren sich an ihren Eltern! Das heißt, daß auch Sie sich ändern müssen, wenn Sie Ihr Kind verändern wollen. Ist Ihnen Ihre Gesundheit wichtig, so können auch Sie etwas dafür tun! Mit den Heiltees haben Sie die Möglichkeit, für sich und Ihr Kind jetzt und für die Zukunft Gutes zu tun.

Wie wirken Heiltees?

Jeder Heiltee hat, bedingt durch die Pflanzen, die für seine Zubereitung verwendet wurden, eine andere Wirkung.

Die Pflanze, ein individuelles Geschöpf der Natur, braucht wie der Mensch die Elemente Licht, Wasser, Luft und Erde, um existieren zu können. Aus ihnen werden durch Photosynthese mit Hilfe des Chlorophylls notwendige Kohlenhydrate,

Eiweiße, Fette, Vitamine und Mineralien hergestellt. Viele der jeweiligen Stoffe, die in den Heilpflanzen enthalten sind, wurden bereits untersucht, einige konnten auch schon chemisch hergestellt werden. Der Trend jedoch geht zum Ursprünglichen - der Pflanze. Warum das so ist, wird durch die Isolierung einzelner Pflanzenwirkstoffe deutlich. Sie sind nicht mehr Teil eines komplexen Heilpflanzen-Wirksystems, sondern nur noch konzentrierte Stoffe, die den Organismus in ein Ungleichgewicht bringen. Die Heilpflanze als Ganzes, mit all ihren Haupt- und Nebenstoffen, ist ein in sich komplexes und ausgewogenes System. Erst durch die pflanzliche Wirkstoffkombination können ihre gesamten Kräfte abgegeben werden und wirken. Das ist auch der Grund dafür, daß pflanzliche Arzneimittel sanft wirken und sehr gut verträglich sind. Um das Wirkprofil einer Pflanze zu verstehen, ist es von großem Nutzen, die einzelnen Wirkstoffgruppen zu kennen, da sich daraus die Heilwirkung einer Pflanze ableiten läßt.

Die wichtigsten pflanzlichen Wirkstoffe

Die einzelnen Inhaltsstoffe einer Heilpflanze werden in Wirkstoffgruppen zusammengefaßt. Durch sie erhält der Pflanzenkundige wichtige Hinweise zum Gebrauch einer Heilpflanze.

Ätherische Öle

Ätherische Öle sind in der vergangenen Zeit in Form der Aromatherapie bekannt und populär geworden. Jedes ätherische Öl enthält andere Wirkstoffe und wird als Arznei und Duftstoff bei den verschiedensten Erkrankungen eingesetzt. Ätherische Öle sind leicht flüchtig und haben einen für die Pflanze charakteristischen Geruch. Diese Duftstoffe dienen der Pflanze als Lockstoffe für Insekten, schützen sie vor Bakterien- und Pilzbefall und verhindern das Austrocknen der Pflanze, indem sie die Wasserverdunstung herabsetzen. Für unsere Gesundheit können wir insbesondere von den Hauptwirkungen aller ätherischen Öle profitieren. Sie wirken gegen Bakterien und Viren und stärken das Immunsystem, aber auch Magen, Darm, Leber, Galle, Herz und Kreislauf. Weitere Eigenschaften, wie schleimlösende (Thymian), krampflösende (Kamille), durchblutungsfördernde, harntreibende (Wacholder), beruhigende (Baldrian) und kühlende Wirkungen (Teebaum), sind ebenfalls zu nennen, um die volle Bandbreite der Therapiemöglichkeiten zu erfassen. Werden Heilpflanzen mit einem hohen Gehalt an ätherischen Ölen hochdosiert oder lange Zeit intensiv eingenommen, können sie zu Reizungen derjenigen Organe führen, bei denen sie normalerweise ihre positive Wirkung entfalten.

Alkaloide

Alkaloide sind basisch wirkende Stoffe, die man auch als »Heilgifte« bezeichnen könnte. Zu ihnen gehören die stärksten pflanzlichen Gifte, die in der Medizin isoliert, als genau dosierte Reinsubstanzen, Verwendung finden. Zwei sehr bekannte Alkaloide sind das krampflösende Atropin der Tollkirsche und das schmerzstillende Morphin des Schlafmohns. Auch das bei vielen täglich zum Einsatz kommende Nikotin und das Koffein gehören in diese Stoffgruppe. Im allgemeinen wirken Alkaloide auf das Nerven- und Muskelsystem. Außerdem fördern sie, je nach Heilpflanze, die Durchblutung oder Drüsensekretion. Einige Pflanzen, darunter der Erdrauch oder das Schöllkraut, enthalten in geringen Mengen Alkaloide. Diese unterstützen als Nebenstoffe die Heilwirkung der Pflanze. In Heiltees für Kinder werden alkaloidhaltige Pflanzen im allgemeinen nicht verwendet. Ausnahme: der Baldrian.

Bitterstoffe

Bitterstoffe schmecken, wie der Name schon sagt, bitter. In der Pflanzenheilkunde werden sie »Amara« genannt. Je nach Zusammensetzung unterteilt man sie in drei Gruppen. Zu den *Amara tonica*, auch reine Amara genannt, gehören das Tausendgüldenkraut und der Enzian. Die zweite Gruppe, *Amara aromatica*, beinhaltet neben den Bitterstoffen zusätzlich antibakteriell wirkende ätherische Öle, z. B. Wermut. Die *Amara acria* wiederum sind meist fremdländischer Herkunft. Sie schmecken bitter und scharf wie z. B. der Ingwer. Ihnen gemeinsam ist eine Steigerung der Magen- und Gallensekretion, wodurch sie den Appetit anregen und die Verdauung fördern. Nervöse, erschöpfte und ständig kränkelnde Menschen profitieren besonders von ihren stärkenden Eigenschaften, die sich auf den gesamten Organismus auswirken. Pflanzen, die reich an Bitterstoffen sind, werden Sie in Heiltees bei Kindern selten finden - sie sind oftmals der Grund dafür, daß Kinder den Tee nicht gerne trinken.

Flavonoide

Flavonoide sind Wirkstoffe, die in den verschiedensten Pflanzen vorkommen. Sie gleichen sich in ihrer chemischen Grundstruktur, besitzen aber dennoch unterschiedliche chemische und physikalische Eigenschaften. Deshalb ist es schwierig, ihnen eine spezielle Wirkung zuzuschreiben. Sie sind in erster Linie für die Gesamtwirkung der Pflanze verantwortlich, da durch sie die Wirkung verschiedener Inhaltsstoffe begünstigt oder erst möglich wird. Typisch für Flavonoide sind bestimmte Wirkungen: So erhöhen sie z.B. die Elastizität und Wanddichte der feinen Blutgefäße (Steinklee), wirken krampflösend (Süßholz), antibiotisch (Schafgarbe), fördern die Flüssigkeitsausscheidung (Birke) und sollen außerdem eine krebshemmende Wirkung (Petersilie) haben sowie das Glücksgefühl (Johanniskraut) steigern.

Gerbstoffe

Gerbstoffe binden Eiweißstoffe der Haut und Schleimhaut und wandeln sie in widerstandsfähige, unlösliche Stoffe um. Diese »gerbende« Eigenschaft macht man sich bei Bakterien- und Pilzbefall zunutze, da dadurch den Mikroorganismen der Nährboden entzogen wird und die Haut widerstandsfähiger wird. Hauterkrankungen, die mit Entzündungen, Nässen und Juckreiz verbunden sind, werden beruhigt und klingen rasch ab. Gerbstoffe wirken auch bei übermäßiger Schweißsekretion und innerlich bei Durchfall. Unsachgemäße Verwendung kann jedoch zu Reizungen an Haut und Schleimhäuten führen. Reich an Gerbstoffen ist z.B. die Heidelbeere. Sie wird gern bei Durchfällen eingesetzt. Die Eichenrinde, in Form eines Absuds, ist ideal zur unterstützenden äußerlichen Behandlung einer Windeldermatitis und anderer Hauterkrankungen.

Glykoside

Glykoside sind eine Gruppe von Pflanzenwirkstoffen, denen eines gemeinsam ist: Sie können in Verbindung mit Wasser zu einem Teil Zucker und einem Teil Nicht-Zucker (*Aglykon*) gespalten werden, der Anteil an letzterem bestimmt die Wirkung. Glykoside können in folgende Untergruppen aufgeteilt werden:

☆ *Farbstoffglykoside*
Sie werden auch als »Flavonoide« bezeichnet.

☆ *Phenylglykoside*
Ihr chemischer Aufbau wird durch einen Phenylring bestimmt. Zu ihnen gehören das abführend wirkende Anthrachinon oder das harntreibende Abrutin, das in der Goldrute enthalten ist.

☆ *Senfölglykoside*
Senfölglykoside sind schwefel- und stickstoffhaltige Substanzen. Sie riechen und schmecken scharf und besitzen eine antibiotische Wirkung (Kapuzinerkresse). Bei äußerer Anwendung reizen sie die Haut, was auch therapeutisch genutzt wird, z. B. mit dem altbewährten Senfpflaster bei chronischen Nasennebenhöhlen-Entzündungen.

☆ *Saponinglykoside*
Siehe unter »Saponine«.

Phytohormone

Es gibt pflanzliche Stoffe, die den Hormonen ähneln. Sie kommen vereinzelt in Pflanzen, wie z. B. in Mönchspfeffer, Hopfen und Salbei vor. Diese Pflanzen werden gerne zur Regulierung des weiblichen Zyklus verwendet, z. B. bei Menstruationsbeschwerden und Beschwerden während der Wechseljahre.

Im Wolfstrapp fand man durch neueste wissenschaftliche Untersuchungen Stoffe, die auf die Hirnanhangsdrüse einwirken und den gesamten Hormonspiegel senken, was man sich bei einer hormonellen Überfunktion, besonders der Schilddrüse, zunutze machen kann. Ein weiterer sehr bekannter hormonähnlicher Stoff ist das Ephedrin der chinesischen Heilpflanze Ephedra. Es ist dem Adrenalin ähnlich, erhöht aber den Blutdruck weniger und dafür anhaltender als Adrenalin.

Kieselsäure

Kieselsäure, die Ursubstanz unseres Lebens, entsteht durch die chemische Verbindung von Silicium mit Sauerstoff. Pflanzen, wie das Zinnkraut, nehmen Kieselsäure aus dem Boden auf und lagern dieses Spurenelement in ihren Zellen und Zellmembranen ab. Für unseren Körper ist Kieselsäure unentbehrlich. Wir benötigen sie zum Aufbau aller Organe, für das Bindegewebe, für Knochen, Haut und Haare. Neue Forschungen haben ergeben, daß die Kieselsäure eine Verzögerung und Reduktion arteriosklerotischer Prozesse bewirkt, und sie unterstreichen ihre entzündungshemmende Eigenschaft bei innerer und äußerer Anwendung. In hoher Dosierung hat Kieselsäure eine harntreibende Wirkung, die ebenso therapeutischen Wert besitzt. Siehe auch unter Mineralien und Spurenelemente.

Saponine

Saponine sind pflanzliche Glykoside, die in Verbindung mit Wasser Schaum bilden. Diese seifenartige Wirkung (lateinisch *sapo* = Seife) bestimmter Pflanzen (z. B. Seifenkraut) wurde von unseren Vorfahren zur Reinigung von Haut und Kleidung verwendet. Für unsere Gesundheit sind Saponine besonders bei festsitzendem Husten (Süßholz) von Bedeutung. Durch ihre Oberflächenaktivität verflüssigen sie den Schleim und erleichtern das Abhusten. Neu gebildeter Schleim kann danach ungehindert abfließen. Durch eine leichte Reizung der Schleimhäute wird die Tätigkeit aller Drüsen sowie die Niere angeregt, weshalb saponinhaltige Pflanzen auch gerne als Blutreinigungsmittel bei Rheuma und Hauterkrankungen eingesetzt werden. Durch sie wird die Aufnahme anderer pflanzlicher Wirkstoffe gefördert und kleine Wirkstoffmengen können eine große Wirkung entfalten. Aus diesem Grund und um eine Reizung der Magen- und Darmschleimhaut zu vermeiden, sollen sie sparsam und vorsichtig verwendet werden.

Schleimstoffe

Schleimhaltige Pflanzen sind weit verbreitet, doch nur wenige enthalten so viel Schleim, daß man sie auch therapeutisch nutzen kann. Zwei der wenigen Pflanzen, die sehr viel Schleimstoffe enthalten, sind Eibisch und Leinsamen. Vermischt man sie mit Wasser, bildet sich eine zähe, fadenbildende Flüssigkeit, die vom chemischen Aufbau her dem Zucker ähnelt. Dieser Schleim legt sich wie eine zweite Haut über die entzündeten Stellen. Die Haut oder Schleimhaut ist dadurch vor den reizenden Stoffen geschützt, kann sich darunter beruhigen und schneller abheilen. Der Eibisch eignet sich besonders für akute Entzündungen des Kehlkopfes sowie des Mund- und Rachenbereiches. Der Leinsamen dagegen wird gerne bei Reizungen und Entzündungen des Magen- und Darmtraktes verwendet. Aufgrund seines enormen Quellvermögens wird er auch zur Anregung der Verdauung verwendet.

Vitamine, Mineralien und Spurenelemente

Ohne Vitamine, Mineralien und Spurenelemente wäre unser Leben nicht möglich. Unser Organismus benötigt sie zum Aufbau von Zellen, Gewebe, Hormonen und Enzymen. Sie bringen den Stoffwechsel in Gang und regulieren die Organfunktionen. Es ist ein Zusammenspiel vieler Faktoren, bei dem oft wenig viel bewirkt. Obst und Gemüse sind unsere Hauptlieferanten dieser lebensnotwendigen Nährstoffe, aber auch Heilkräuter können dazu verwendet werden, unseren Körper und das Immunsystem zu stärken. Es gibt Pflanzen, die besonders reich sind an Vitamin A (Ringelblume), Vitamin B (Pfefferminze), Vitamin C (Hagebutte) sowie den Mineralstoffen Eisen (Brennessel), Zink (Salbei), Kieselsäure (Zinnkraut) u.a.

Von der Wirkung des Wassers

Die Heilkraft, die im Wasser steckt, wurde schon von den alten Römern und Griechen erkannt und für die Gesundheit genutzt. Sie haben dieses Wissen vervollkommnet, und so entstanden die ersten Heil- und Thermalbäder. Im Laufe der Zeit ging jedoch das Wissen um den Nutzen des Wassers für Körper-Seele-Geist wieder verloren. Erst die Ärzte Johann S. Hahn (1696-1773) und sein Vater Siegmund J. Hahn (1664-1742) (genannt »Wasserhähne«), Prießnitz (1799-1851) und der Pfarrer Kneipp (1821-1897) machten die Heilkraft des Wassers wieder populär.

Ohne Wasser wäre der Organismus nicht in der Lage, seine Funktionen aufrechtzuerhalten. Der Säure-Basen-Haushalt, chemische Reaktionen, Organ- und Zellfunktionen, die Verdauung, Durchblutung u.v.a. sind abhängig von unserer Flüssigkeitsaufnahme. Mit dem Wasser werden lebensnotwendige Nährstoffe und Informationen von Zelle zu Zelle transportiert und die Nieren unterstützt, schädigende Stoffe und Schlacken auszuscheiden. Somit nährt und reinigt uns das Wasser. Es ist das elementarste Lebensmittel des Menschen. Wen wundert das, denn der Körper eines Erwachsenen besteht durchschnittlich aus rund 65 Prozent, der eines Säuglings sogar aus 75 Prozent Flüssigkeit. Um die Regelvorgänge und den Flüssigkeitshaushalt unseres Organismus aufrechtzuerhalten, muß ständig Flüssigkeit, am besten in Form von Wasser oder Tee, zugeführt werden. Kinder unterdrücken oder vergessen während des Spiels häufig wichtige Notwendigkeiten wie das Trinken. Erinnern und motivieren Sie Ihr Kind deshalb immer wieder zu trinken, denn nur durch eine regelmäßige und ausreichende Flüssigkeitsaufnahme kann es sich geistig und körperlich normal entwickeln und gesund bleiben oder werden. Der Tagesbedarf eines Kindes von zwei bis sechs Jahren beträgt durchschnittlich 1,5–2 Liter, ab dem 13. Lebensjahr gilt die gleiche Menge wie für einen Erwachsenen, nämlich ca. 2,5 Liter. Während einer Krankheit ist es jedoch notwendig, die Trinkmenge zu erhöhen und die Nahrungsaufnahme zu reduzieren oder ganz einzuschränken. Besonders bei Erkrankungen, die von Fieber oder Durchfall begleitet werden, ist dies angeraten. Der Organismus wird nicht belastet, kann Schadstoffe schnell ausscheiden und Flüssigkeitsverluste ausgleichen.

In Verbindung mit getrockneten oder frischen Heilkräutern wird heißes Wasser zum Tee und ist somit fast schon eine Kombinationstherapie. Das Wasser wird mit den Wirkstoffen der Pflanze angereichert und dadurch in der Heilkraft verstärkt. Die Heilkräuter erhalten durch das Wasser die Möglichkeit, dem Körper schnell zur Verfügung zu stehen.

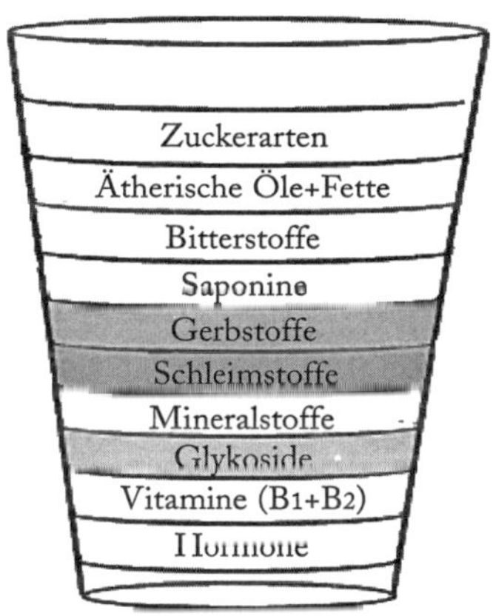

In Wasser lösliche Wirkstoffe

gut löslich

schwer löslich

Hinweise zum Sammeln der Pflanzen und zur Teezubereitung

Heilpflanzen selbst sammeln und lagern

Sollten Sie sich dazu entschließen, Heilpflanzen selbst zu sammeln, so haben Sie damit eine der schönsten Beschäftigungen für sich und Ihre Kinder gefunden. Ein Spaziergang durch Feld, Wald und Wiesen bringt Bewegung und frische Luft, bietet aber auch Abwechslung und einen Ausgleich zum Alltag.

Die dominierende Farbe dabei ist Grün. Sie wird in der Farbtherapie mit Ausgeglichenheit und Harmonie gleichgesetzt und z. B. bei streßbedingten Erkrankungen oder Schlafstörungen eingesetzt. Die grüne Landschaft wirkt auf das Gemüt beruhigend und zugleich aufheiternd. Der Kontakt zur Natur wird damit zur Therapie für die Seele.

Die ganze Familie profitiert davon, zusätzlich wird die Beziehung zu Ihrem Kind vertieft, da Sie gemeinsam etwas unternehmen und erleben. Abenteuer in Form von Suchen und Entdecken begeistern nahezu jedes Kind, und die in uns allen steckende Sammelleidenschaft, aber auch das Interesse an den Geschöpfen der Natur, wird dadurch geweckt. Sammeln ist für Kinder ein Spiel, und verbunden mit dem Erfolgserlebnis, das Gesuchte gefunden zu haben, läßt es den Tee aus dieser Pflanze zu etwas Besonderem werden. Ihr Kind wird diesen Heiltee gerne trinken, auch wenn er geschmacklich weit von Cola entfernt ist.

Sammeltips

Die weiter unten beschriebenen Heilpflanzen gehören überwiegend zu unserer heimischen Pflanzenwelt und können deshalb leicht von Ihnen gefunden und gesammelt werden. Einige grundlegende Punkte sollten jedoch dabei beachtet werden:

Sammeln Sie gezielt. Wählen Sie zwei bis drei Pflanzen aus, die Sie suchen wollen und gut kennen. Wenn Sie die Pflanzen nicht kennen oder unsicher sind, nehmen Sie einen bebilderten Pflanzenführer mit auf die Suche. Er unterstützt Sie dabei, die richtige Pflanze auszuwählen.

☆

Die besten Sammelzeiten entnehmen Sie der jeweiligen Pflanzenbeschreibung oder dem Heilpflanzen-Sammelkalender. Beobachten Sie aber trotzdem die Natur, denn der Entwicklungsstand der Pflanzen ist sehr vom Klima abhängig und von Jahr zu Jahr verschieden. Auch die Lebensbedingungen an den verschiedenen Örtlichkeiten spielen eine Rolle. Wenn die Blätter und Blüten bei zunehmendem Mond und die Wurzeln bei abnehmendem Mond geerntet werden, befinden sich die Pflanzensäfte verstärkt in den jeweiligen Pflanzenteilen, und Sie erhalten den höchsten Gehalt an Wirkstoffen.

☆

Generell sollte der Sammelleidenschaft nur an einem trockenen und sonnigen Tag nachgegangen werden. Vormittagsstunden sind zu empfehlen, da dann die Wirkstoffe in den Pflanzen am stärksten sind. Die Pflanze sollte aber bereits vom Morgentau getrocknet sein.

☆

Ernten Sie im allgemeinen nur junge Pflanzen, da sich aus ihnen die Wirkstoffe am leichtesten herauslösen lassen. Für das

Sammeln einzelner Pflanzenteile sollte folgendes beachtet werden: Nur voll entfaltete Blüten und Blätter sammeln und einzeln abpflücken. Das gilt ebenfalls für Früchte und Beeren. Es sollen nur reife, unbeschädigte Früchte verwendet werden. Das ganze Kraut (z.B. Zinnkraut) wird mit einer Schere oder einem scharfen Messer abgeschnitten, so daß die Wurzel nicht beschädigt wird und die Pflanzen sich weiter vermehren können. Wurzeln sollten nur dann geerntet werden, wenn genügend Pflanzen vorhanden sind. Sie lassen sich am leichtesten mit einem Spaten ausgraben. Die Rinden müssen frei von Algen und Flechten sein und dürfen nur von jungen Zweigen abgelöst werden. Der lebensnotwendige Stamm und die Äste werden geschont, und der Baum kann sich auch weiterhin gut entwickeln.

☆

Verwenden Sie zum Sammeln am besten einen Korb oder Stofftaschen. In Plastiktüten werden die Pflanzen beschädigt und schwitzen, d. h. sie beginnen schnell zu faulen. Schwere Pflanzen oder Wurzeln gehören in den unteren Bereich des Korbes. Werden mehrere Pflanzenarten gesammelt, sollten sie getrennt transportiert oder mit Stofflagen abgedeckt werden. So kommen sie im Korb nicht durcheinander und die pflanzeneigenen Aromen bleiben erhalten.

☆

Nehmen Sie Rücksicht auf die Natur! Ernten Sie nur so viel, wie Sie z.B. für einen Winter brauchen. Außerdem verlieren die Inhaltsstoffe der Heilpflanzen im Laufe der Zeit ihre Wirkung, und es wäre schade, wenn Sie mühsam gesammelte Pflanzen wegwerfen müßten. Sammeln Sie nur dort, wo ausreichend Pflanzen vorhanden sind und lassen Sie einige zurück, damit diese sich wieder vermehren können. Reißen Sie keine Pflanze mit der Wurzel heraus, wenn Sie diese nicht brauchen.

Seltene Pflanzen, die vom Aussterben bedroht sind, dürfen nicht gepflückt werden. Sie können in der Apotheke oder einem Kräuterladen gekauft werden. Es handelt sich dann um keine Wildpflanzen, sondern um Pflanzen, die speziell für medizinische Zwecke angebaut wurden. In einem Naturschutzgebiet sind alle Pflanzen geschützt und dürfen nicht beschädigt oder gesammelt werden. Giftpflanzen sollten unberührt bleiben, da sie ohnehin für die Selbstbehandlung ungeeignet sind.

☆

Sammeln Sie nur saubere, kräftige und gesunde Pflanzen, die auf einem guten und möglichst unbelasteten Boden gewachsen sind. Pflanzen in der Nähe von Industrieanlagen, neben Straßen und Bahndämmen oder in der Umgebung von chemisch bearbeiteten Feldern und Wiesen, sollten deshalb bleiben, wo sie sind. Durch die Gift- und Schadstoffbelastung dieser Pflanzen würde Ihr Kind eher krank als gesund werden.

Das Trocknen und Aufbewahren der Pflanzen

Pflanzen schonend trocknen

Schon unsere Vorfahren trockneten Pflanzen, um sie haltbar zu machen. Vorräte für den Winter wurden angelegt und versorgten die Menschen in kargen Zeiten mit den heilsamen Wirkstoffen. Auch heute noch ist die Trocknung von Heilpflanzen sehr beliebt. Heiltees stehen dadurch das ganze Jahr für unsere Gesundheit zur Verfügung. Die Vorgehensweise ist unverändert geblieben und die gleiche wie eh und je.

Um eine hohe Konzentration an Inhaltsstoffen zu erhalten, müssen die frisch gesammelten Pflanzen nach der Ernte so schnell wie möglich getrocknet werden. Dadurch wird verhindert, daß Fäulnis- und Gärungsvorgänge in Gang gesetzt werden und pflanzeneigene Fermente die Wirkstoffe umwandeln und abbauen. Pilzen und Bakterien wird so der Nährboden entzogen und die Pflanze konserviert.

Der Trocknungsprozeß sollte an einem Ort stattfinden, der luftig, trocken und warm ist. Der Speicher, eine Abstellkammer oder ein entsprechendes Zimmer können dafür verwendet werden. Die Küche und Räume, in denen geraucht wird, sind ungeeignet, da die Pflanze Gerüche und Ausdünstungen annimmt. Die zu trocknenden Pflanzen müssen vor Staub und Sonne geschützt werden, denn nur so bleiben sie rein und behalten Aroma und Wirkstoffe.

Das Sammelgut darf vor dem Trocknen nicht gewaschen, sondern nur gut ausschüttelt werden, um die darin versteckten Insekten zu entfernen. Ausnahme hierfür sind Wurzeln. Diese werden vorher sorgfältig mit Wasser und Bürste gereinigt und danach kleingeschnitten. Wurzeln und Rinden können auch bei künstlicher Wärme in einem Backofen mit Umluft getrocknet werden. Sie vertragen eine Wärme von ca. 40–60 °C.

Pflanzen, die als ganzes Kraut gesammelt werden, hängt man am besten gebündelt kopfüber auf eine Leine. Blüten, Blätter und Früchte dagegen werden zur Trocknung einschichtig auf ein Leinentuch oder Papier gelegt. Zeitungen sind zwar saugfähig, aber trotzdem als Unterlage ungeeignet. Der Geruch und die Druckerschwärze mindern die Qualität der Heilpflanze und schaden der Gesundheit.

Sollte es Ihnen an Platz mangeln, so kann die Ernte generell im Backofen getrocknet werden. Dies muß jedoch schonend bis maximal 35 °C geschehen, denn nur so bleiben wertvolle Inhaltsstoffe wie ätherische Öle unbeschädigt erhalten. Der Trocknungsvorgang ist beendet, wenn die Pflanzen dürr, bröselig und brüchig sind.

Pflanzen richtig aufbewahren

Um die Wirkstoffe und das Aroma der Pflanzen zu erhalten, ist es wichtig, sie richtig zu lagern. Als Aufbewahrungsgefäße sind braune Gläser, die luftdicht verschließbar sind, am besten geeignet. Sie können aber auch Gefäße aus Holz, Keramik oder Weißblech verwenden. Ungeeignet sind Plastikbehälter, da die darin enthaltenen Chemikalien und Dämpfe an die Pflanze abgegeben werden können und die Wirkstoffe und den Geschmack verändern.

Heilpflanzen, die man aufbewahren möchte, müssen vorher zerkleinert werden, so daß sich beim anschließenden Kochen des Tees möglichst viele ihrer Wirkstoffe herauslösen können. Nur die trockenen Pflanzen sollte man in die Aufbewahrungsgefäße füllen, denn nur sie sind haltbar und verderben nicht.

Vergessen Sie nicht, die Gläser zu beschriften und den Pflanzennamen sowie das Sammeldatum zu vermerken. Im trockenen Zustand lassen sich die Heilkräuter nämlich schwer voneinander unterscheiden. Außerdem behalten Sie so den Überblick, wann die Pflanzen ihre Heilkraft verlieren.

Grundsätzlich können die Kräuter ein Jahr aufbewahrt werden, Wurzeln und Rinden sogar etwas länger. Im Laufe der Zeit verlieren sie dann ihre Wirkstoffe und können am Ende nur noch als Badezusatz verwendet oder auf den Kompost gegeben werden.

Heilpflanzen-Sammelkalender

Heilpflanze	Jan.	Feb.	März	April	Mai	Juni	Juli	Aug.	Sept.	Okt.	Nov.	Dez.
Anisfrüchte							✗	✗	✗			
Augentrostkraut							✗	✗	✗			
Baldrianwurzel									✗	✗		
Brennesselkraut			✗	✗	✗	✗	✗	✗	✗			
Brombeerblätter					✗	✗						
Eibischwurzel						unter Naturschutz						
Eichenrinde			✗	✗	✗							
Fenchelfrüchte									✗	✗		
Goldrutenkraut								✗	✗	✗		
Hagebutten									✗	✗	✗	
Hibiscusblüten					✗	✗	✗	✗				
Himbeerblätter					✗	✗						
Holunderblüten						✗	✗					
Hopfenzapfen								✗	✗			
Johanniskraut						✗	✗	✗	✗			
Kamillenblüten					✗	✗	✗	✗				
Königskerzenblüten							✗	✗				
Kümmelfrüchte						✗	✗	✗				
Lavendelblüten							✗	✗				
Lindenblüten						✗	✗					
Löwenzahnwurzel mit -kraut				✗	✗							
Malvenblüten						✗	✗	✗	✗			
Pfefferminzblätter						✗	✗					
Ringelblumenblüten						✗	✗	✗	✗	✗		
Rotbuschblätter (nur in Südafrika)	✗	✗	✗									
Schachtelhalmkraut						✗	✗	✗	✗			
Schafgarbenkraut						✗	✗	✗	✗			
Spitzwegerichblätter					✗	✗	✗	✗	✗			
Stiefmütterchenkraut					✗	✗	✗	✗				
Süßholzwurzel			✗	✗	✗				✗	✗		
Thymiankraut					✗	✗	✗	✗	✗			
Weißdornblätter mit -blüten					✗	✗						
Zitronenmelissenblätter					✗	✗	✗		✗			

Allgemeine Hinweise zum Mischen von Heiltees

Jede einzelne Heilpflanze ist ein in sich vollkommenes Heilmittel. Sie besteht aus mehreren Wirkstoffen, die ein harmonisches Ganzes ergeben und meist eine breite Wirkung besitzen, wie es z.B. bei den Universalmitteln Johanniskraut oder Kamille der Fall ist. Es ist deshalb nicht unbedingt notwendig, Heilpflanzen zu mischen. Außerdem können bei unsachgemäßem Mischen der Heilpflanzen Wirkgeflechte entstehen, indem sich die Wirkstoffe gegenseitig beeinflussen und blockieren.

Sie sollten aus diesem Grunde Tees aus einer einzigen Pflanze oder nur die vorgeschlagenen Pflanzenkombinationen verwenden. Bewährt hat es sich auch, anstelle einer Mischung die ausgewählten Sorten abwechselnd zu trinken. Dies ist besonders Laien zu empfehlen, da alle in den verschiedenen Pflanzen enthaltenen Wirkstoffe genutzt werden können, ohne daß sie die Möglichkeit haben, sich gegenseitig negativ zu beeinflussen.

Das Herstellen von Teemischungen ist eine Wissenschaft für sich, die das Wissen von Medizin, Pharmazie und Chemie in sich vereint. Die einzelnen Pflanzen müssen gut zueinander passen und sich in ihrer Wirkung ergänzen und unterstützen. Dadurch wird ein breites Wirkspektrum erreicht und die gesundheitliche Wirkung verstärkt. Dies ist besonders bei Erkrankungen wichtig, die verschiedene Ursachen und Symptome besitzen.

Außerdem wird der Tee durch das Mischen für unsere Geruchs- und Geschmacksnerven verfeinert. Mehr als sechs Pflanzen sollten dabei nicht kombiniert werden. Eine Kräuterteemischung setzt sich aus den nachfolgenden »Wirkmitteln« zusammen:

1. Das Hauptmittel, auch *Remedium cardinale* genannt, ist die Pflanze, deren Wirkstoffkombination die Ursachen und Symptome einer Krankheit breitflächig abdeckt. Sie wäre auch als Einzeltee am ehesten für die betreffende Erkrankung geeignet.
2. Das Hilfs- oder Ergänzungsmittel, *Adjuvans*, besitzt eine ähnliche Wirkung wie das Hauptmittel. Es unterstützt das Hauptmittel, indem es je nach Bedarf dessen Wirkung verstärkt oder mildert.
3. Das *Korrigens* ist die Pflanze, die als Geschmacksmittel dient. Es sind meist Heilpflanzen, die über einen hohen Anteil ätherischen Öles verfügen. Ihre Wirkung sollte auf das Haupt- und Ergänzungsmittel abgestimmt sein und die »Trinkbarkeit« und Wirkung des Tees erhöhen.
4. Das Füll- oder Schönheitsmittel macht den Tee für unsere Augen ansprechend. Aber auch der Geruch und der Geschmack sollen durch das *Konstituens* verbessert und die Heilwirkung abgerundet werden.

Beispiel für einen Erkältungstee bei Fieber, Husten, Kopf- und Gliederschmerzen:

1. *Hauptmittel = Lindenblüten (antibiotische Wirkung) und Holunderblüten (schweißtreibend)*
2. *Hilfsmittel = Stiefmütterchenkraut (schmerzstillend und fiebersenkend)*
3. *Geschmacksmittel = Thymiankraut (schleimlösend, geschmacksverbessernd)*
4. *Schönheitsmittel = Malve (Milderung des Hustenreizes durch Schleimstoffe)*

Die richtige Teezubereitung

Für die Zubereitung des Heiltees werden in der Regel getrocknete Heilpflanzen verwendet. Sie werden in der Apothekerfachsprache auch als Drogen bezeichnet, haben aber nichts mit »Suchtmitteln« zu tun. Eine Verwechslung ist deshalb, im Zusammenhang mit Heilpflanzen, ausgeschlossen. Ein Heiltee wird am besten aus einer losen Kräutermischung zubereitet. Teebeutel können in Ausnahmefällen verwendet werden. Sie sollten jedoch sicher sein, daß die Teebeutel wirklich Arzneipflanzen enthalten. Arzneipflanzen sind wirkstoffreiche Heilpflanzen und in der Apotheke oder dem Kräuterhaus erhältlich.

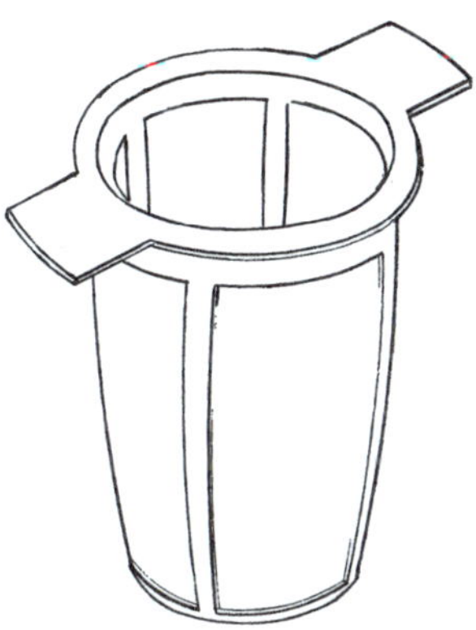

Teesieb

Wenn Sie einen Tee aus einer losen Mischung schnell herstellen wollen, empfehle ich ein Teesieb, das für Tassen und Teekannen geeignet ist. Die entsprechende Menge des Tees wird in das Sieb gegeben und in die Tasse oder Kanne gehängt. Anschließend kochendes Wasser darüber gießen und das Sieb herausnehmen, wenn der Tee fertig ist.

Das legendäre Tee-Ei ist zwar praktisch, aber trotzdem ungeeignet. Um ein pflanzliches Heilmittel in Teeform zu erhalten, muß das Wasser die Möglichkeit haben, die Wirkstoffe aus der Pflanze herauszulösen. Das funktioniert jedoch nur, wenn die Heilpflanze zerkleinert und die Samen vorher zerstoßen wurden. Auch muß es den Blättern und Blüten möglich sein, sich frei zu entfalten. Durch ein Tee-Ei wird dies verhindert. Die aufquellenden Pflanzenteile verstopfen die Löcher des Eis, und nur ein kleiner Teil der Wirkstoffe kann herausgelöst werden.

Für die Zubereitung des Tees können Sie ganz normales Leitungswasser verwenden. Das Wasser in Deutschland ist gesundheitlich unbedenklich und wird regelmäßig kontrolliert. Die Trinkwasserfluoridierung als zahnmedizinisches Prophylaktikum, wie es z. B. in der Schweiz üblich ist, kann bei Kindern schwere gesundheitliche Schäden zur Folge haben.

Professor Douw G. Steyn, Pharmakologe und Toxikologe, Department of Health der Südafrikanischen Republik, Fachgebiet Fluoridforschung sagt: Fluoride bilden die stärksten Breitspektren-Enzymgifte. Durch die Störung normaler Stoffwechselvorgänge können nicht nur im kindlichen Organismus die verschiedensten Krankheiten ausgelöst und/oder verursacht werden, z. B. Allergien, Mißbildungen, Gebißschäden wie gefleckte Zähne, Schmalkiefer u. a., Haarverlust, Schwächung der Immunabwehr u. v. a.

Wer Bedenken bezüglich der Reinheit des Trinkwassers hat, erkundigt sich darüber am besten bei den örtlichen Wasserwerken. Bei belastetem, hartem oder schlecht schmeckendem Wasser ist ein Wasserfilter bzw. eine Energetisierung des Wassers durch entsprechende Apparaturen (z. B. Grander) zu befürworten. Bei der Verwendung von Wasserfiltern ist jedoch Vorsicht geboten! Hier paßt der Spruch: »Gut gemeint und schlecht getroffen.« Wasserfilter reduzieren zwar den Schadstoffgehalt des Wassers, halten aber auch organische Substanzen zurück, die Mikroorganismen einen idealen Nährboden bieten. Bei zu langer Verwendung eines Filters können Schadstoffe und Keime vermehrt an das Wasser abgegeben werden. Deshalb die Filter regelmäßig und lieber zu früh als zu spät auswechseln.

Auch auf das Teegeschirr muß geachtet werden. Tassen und Kannen aus Glas, Porzellan und Keramik lassen sich besonders gut reinigen und sind daher am hygienischsten. Das Geschirr wird nur mit heißem Wasser gewaschen, ohne Zusatz von Spülmitteln, und sollte ausschließlich für Tee verwendet werden, da es sonst zu Geschmacksverfälschungen kommen kann.

Noch ein Tip: Das Auge trinkt mit. Tee aus einer schönen, dünnwandigen Tasse getrunken, schmeckt einfach besser!

Um die Heilkräfte des Tees voll zu nützen, sollte er immer frisch zubereitet werden. Je länger er steht, desto schwächer wird seine Wirkung. Zur Vereinfachung kann die Tagesmenge Tee aber auch in eine Thermoskanne gefüllt und über den Tag verteilt schluckweise getrunken werden. Wird der Heiltee auch in der Nacht benötigt, ist dies eine fantastische Lösung, denn dadurch ist warmer Tee immer sofort griffbereit.

Tee kochen mit Kindern

1. Gemeinsam den passenden Tee auswählen.
2. »Aus welchen Heilpflanzen ist der Tee gemischt?« (Zusammensetzung erklären).
3. Heilpflanzen auf Bildern zeigen und beschreiben.
4. Die Wirkung der einzelnen Heilpflanzen erklären.
5. »Wie kocht man Tee?« (Vorgehensweise).
6. Einzelne Arbeitsschritte verteilen (Aufgaben und Verantwortung übertragen).
7. Die ersten Versuche unterstützen und kontrollieren (»supervising«).
8. Immer wieder loben!!

Zubereitungsarten

Für die Zubereitung der Heiltees werden getrocknete Pflanzen verwendet. Die angegebene Dosierung der Heilpflanze gilt für Kinder ab fünf Jahren. Bei Säuglingen und Kleinkindern wird die halbe Menge der Teedroge empfohlen.

Aufguß (*Infus*)

Bei Teemischungen:
Verwendete Pflanzenteile: Blüten, Blätter oder ganzes Kraut.
Dosierung: Für einen Becher, ca. 250 ml (Bürotasse), zwei gehäufte Teelöffel der Mischung.

Die getrockneten Kräuter werden lose in eine Kanne oder ein Teesieb gegeben und mit kochend heißem Wasser übergossen. Danach läßt man die Kräuter fünf bis maximal zehn Minuten mit einem Deckel abgedeckt ziehen und seiht danach ab. Je länger der Tee gezogen hat, desto konzentrierter und ungeeigneter wird er für Kinder. Die Farbe des Tees sollte hell und ansprechend sein. Er ist dann auch mild und gut verträglich.

Abkochung (*Dekokt*)

Verwendete Pflanzenteile: Wurzeln, Rinden und Samen. Sollen daraus die empfindlichen Schleimstoffe und ätherischen Öle herausgelöst werden, wird ein Aufguß zubereitet!
Dosierung: Auf einen gehäuften Eßlöffel der Pflanzenteile einen Liter Wasser.

Wurzeln und Samen werden vorher leicht zerquetscht und in einem Kochtopf mit kaltem Wasser angesetzt. Der Topf wird mit einem Deckel zugedeckt und bei schwacher Hitze langsam zum Kochen gebracht. Je nach Rezept und Pflanze köchelt man den Pflanzensud auf kleiner Flamme ein bis 20 Minuten, bevor man abseiht.

Kaltauszug (*Mazerat*)

Verwendete Pflanzenteile: Pflanzen, deren empfindliche Wirkstoffe (z. B. ätherische Öle und Schleimstoffe) schonend gewonnen werden müssen. Gleichzeitig werden unerwünschte Inhaltsstoffe, z. B. die Gerbsäure, zurückgehalten.
Dosierung: Für einen Becher, ca. 250 ml (Bürotasse), zwei gehäufte Teelöffel der Pflanzenteile.

Die Kräuter werden mit der angegebenen Menge kalten Wassers übergossen und zugedeckt bei Zimmertemperatur über Nacht (ca. sechs bis zwölf Stunden) stehengelassen. Vor der Verwendung abseihen und kurz anwärmen.

Dosierung und Einnahme

Heiltees können von Kindern als Genußtee, zur Vorbeugung sowie bei alltäglichen und chronischen Erkrankungen getrunken werden.

☆

Da Kinder noch relativ unbelastet sind, reagieren sie meist schneller und besser auf pflanzliche Arzneimittel als Erwachsene. Aus diesem Grund empfehle ich Ihnen, sich an die richtige Dosierung heranzutasten. Das heißt, daß Sie mit einer niedrigen Dosierung (250 ml) beginnen und die Trinkmenge bei Reaktionsschwäche wenn nötig erhöhen.

☆

Bei akuten Erkrankungen ist eine kurzzeitig höhere Dosierung von ca. zwei bis drei Bechern zu empfehlen.

Chronische Erkrankungen erfordern eine konsequente Einnahme über einen längeren Zeitraum. Der Tee wird in diesem Fall niedriger dosiert, das heißt ein bis zwei Becher täglich genügen. Eine Gewöhnung des Organismus kann vermieden werden, wenn Sie mit den Tees für die gleiche Indikation häufig wechseln.

☆

Bereiten Sie den Heiltee immer frisch, wie angegeben, zu, und verabreichen Sie ihn grundsätzlich lauwarm, über den Tag verteilt.

☆

Damit die Heilpflanzen ihre größte Wirkung entfalten können, ist es besser, ihn zwischen den Mahlzeiten zu trinken. Dadurch wird auch vermieden, daß die Verdauung gestört wird.

☆

Äussere Anwendungen

Ein Heiltee kann sowohl innerlich wie äußerlich angewendet werden. Dr. med. Alfred Vogel schreibt in seinem Buch »Der kleine Doktor«: »Kräuter, die innerlich auf ein Organ günstig einwirken, werden äußerlich, als Auflage angewandt, ebenfalls heilenden Einfluß ausüben (...) Die äußere Einwirkung wird die innere wesentlich unterstützen.« Auch nachfolgende äußere Anwendungen werden die Erkrankung positiv beeinflussen.

Vollbad

Indikation: Hauterkrankungen, nervöse Unruhe, Schlafstörungen, Erkältung, Krämpfe, Schmerzzustände, Reaktionsschwäche, Anregung der Durchblutung.
Dosierung: 2 Liter Wasser auf 100 g Heilkräuter.
Badedauer: 10–20 Minuten, zwei- bis dreimal pro Woche.

Den Aufguß abseihen und in das Badewasser geben. Die Temperatur des Wassers sollte angenehm warm sein (ca. 38 °C) und konstant gehalten werden. Im Sommer darf die Temperatur auch etwas kühler sein, aber die Badedauer muß, um ein Auskühlen zu vermeiden, zeitlich verkürzt werden. Zwischendurch sollten Sie Ihr Kind mit einem groben Frotteewaschlappen oder einer weichen Bürste abreiben. Das baut Gewebeschlacken ab und stabilisiert den Kreislauf. Lassen Sie Ihr Kind während des Bades nie alleine, um bei Kreislaufschwächen und anderen Zwischenfällen sofort eingreifen zu können! Die beste Zeit zum Baden ist abends, unmittelbar vor dem Schlafengehen. Durch die anschließende Nachruhe verstärkt sich die Wirkung des Kräuterbades, der Körper entspannt sich und das Einschlafen wird erleichtert.

Teilbäder

Sitzbad

Indikation: Hauterkrankungen, Ekzeme, Entzündungen, Windeldermatitis, Juckreiz, Pilzerkrankungen.
Dosierung: 60 g Heilkräuter auf 1 Liter Wasser.
Badedauer: 10–15 Minuten, zwei- bis dreimal täglich.

Den Aufguß abseihen und in das Badewasser schütten. Beim Sitzbad reicht das Wasser nur bis zur Hüfte. Es ist deshalb wichtig, daß es im Badezimmer warm ist. Die Wassertemperatur darf ca. 39 °C betragen und sollte konstant gehalten werden. Wenn nötig, von Zeit zu Zeit warmes Wasser nachlaufen lassen. Auch bei einem Sitzbad sollten Sie Ihr Kind nicht alleine lassen. Während der Badezeit können Sie über Dinge sprechen, zu denen Sie sonst keine Zeit finden. Kleinere Kinder hören gern Geschichten oder Lieder. Nach dem Bad wickeln Sie Ihr Kind gut ein und lassen es im Bett ca. 30 Minuten nachruhen bzw. nachschwitzen. Für eine ausreichende Flüssigkeitszufuhr sorgen!

Finger-, Hand- oder Fußbad

Indikation: Entzündungen, auch durch Pilze und Bakterien, Verletzungen, Wunden. Ein Fußbad auch bei Schlafstörungen, Fieber, kalten Füßen und zur Abwehrsteigerung.
Dosierung: 30 g Heilkräuter auf 0,5 Liter Wasser.
Badedauer: 5–10 Minuten, mehrmals täglich.

Den Aufguß nach dem Abseihen in eine kleine Wanne oder einen Eimer schütten und ca. 6–7 Liter 39 °C warmes Wasser zufüllen. Die Temperatur sollte während des Bades konstant gehalten werden.

Inhalation und Gesichtsdampfbad

Indikation des Gesichtsdampfbades: fette und unreine Haut, Reinigung der Haut.
Indikation der Inhalation: Schnupfen, Entzündungen der oberen Atemwege.
Dosierung: 1 gehäufter Eßlöffel Heilkräuter auf 1 Liter Wasser.
Dauer: 5 Minuten – einmal täglich die Inhalation, ein- bis zweimal wöchentlich das Gesichtsdampfbad.

Eine Inhalation und ein Gesichtsdampfbad werden folgendermaßen durchgeführt: In einen Topf gibt man die getrockneten Kräuter und übergießt sie mit kochendem Wasser. Dann wird das Gesicht darüber gehalten und der Kopf und das Gefäß mit einem Handtuch abgedeckt, so daß der Dampf nicht entweichen kann.

Beim Gesichtsdampfbad wirken die warmen, mit Pflanzenwirkstoffen angereicherten Dämpfe auf die Gesichtshaut. Sie erweichen die Haut und hemmen Entzündungen. Bei einer Inhalation soll der Dampf tief und langsam durch Mund und Nase eingeatmet werden. Die Pflanzenwirkstoffe können so am besten auf die Schleimhäute einwirken.

Nach beiden Anwendungen das Gesicht mit lauwarmem Wasser waschen und kalte Luft, insbesondere Zugluft, meiden.

Gurgeln und Spülen

Indikation: Entzündungen im Mund sowie im Hals- und Rachenbereich.
Dosierung: 2 gehäufte Teelöffel Heilkräuter auf 250 ml kochendes Wasser, mehrmals täglich.

Mit dem lauwarmen Tee gurgeln und den Mund spülen.

Waschung

Indikation: Hauterkrankungen, Entzündungen, Fieber, Anregung des Kreislaufs, bei Erkältungen, Schlafstörungen und zur Stärkung der Immunabwehr.
Dosierung: 1 gehäufter Eßlöffel Heilkräuter auf 500 Milliliter kochendes Wasser, ein- bis zweimal täglich.

Wenn der Tee abgekühlt und nur noch lauwarm ist, einen groben Frotteewaschlappen eintauchen, ausdrücken und das entsprechende Körperteil sanft abwaschen. Eine Ganzkörperanwendung sollte nur in einem gut durchwärmten Bad oder Zimmer durchgeführt werden. Dabei immer zum Herzen hin streichen und ruhig, aber zügig vorgehen. Wenn der Waschlappen trocken geworden ist, erneut in den Tee tauchen. Nach der Anwendung nicht abtrocknen, sondern schnell ein T-Shirt überziehen und im Bett aufwärmen lassen.

Auflage

Indikation: Verletzungen, Schmerzen, Hauterkrankungen, Wunden, Normalisierung und Stärkung der Organfunktionen.
Dosierung: 1 gehäufter Eßlöffel Heilkräuter auf 500 Milliliter kochendes Wasser, mehrmals täglich.

In den lauwarm bis kühlen Tee ein vierlagiges Baumwolltuch eintauchen und kurz ausdrücken. Die betroffene Stelle mit der Auflage vollständig abdecken und locker mit einer Mullbinde befestigen. Die Auflage abnehmen, sobald sie trocken ist. Ist eine Kühlung notwendig, erneuern Sie die Auflage, wenn sie durchwärmt ist. Verschiedene Erkrankungen erfordern eine warme Auflage, dann wird zusätzlich eine Wärmflasche aufgelegt.

Wickel

Indikation: Entzündungen, Schmerzen, Fieber, Schlafstörungen, Normalisierung und Stärkung der Organfunktionen, Anregung der Durchblutung.
Dosierung: 1 gehäufter Eßlöffel Heilkräuter auf 500 Milliliter kochendes Wasser, mehrmals täglich.

Ein mehrfach gefaltetes Baumwoll- oder Leinentuch wird in den kalten Tee getaucht, leicht ausgedrückt und um die entsprechende Stelle gewickelt. Der Wickel muß vollständig geschlossen sein, d. h. es darf kein Spielraum zwischen den zwei Tuchenden entstehen. Darüber wickelt man ein trockenes Leinentuch und danach ein Wolltuch, die beide das nasse Tuch überlappen müssen. Der Wickel muß abgenommen werden, sobald er trocken ist.

Einlauf

Indikation: Infektionskrankheiten, Fieber, Stärkung des Immunsystems, Darmerkrankung, Verstopfung.
Dosierung: 3 gehäufte Teelöffel Heilkräuter auf 1 Liter kochendes Wasser, einmal täglich.

Für den Einlauf braucht man ein handelsübliches Klistier, auch Irrigator genannt, welches in der Apotheke oder einem Sanitätshaus erhältlich ist. Der lauwarme Tee wird in das Klistier gefüllt und die Anwendung, wie vom Hersteller angegeben, durchgeführt. Der Heiltee soll so lange wie möglich im Körper behalten werden, um eine optimale reinigende Wirkung zu erzielen.

Zusätze zur Geschmacksverbesserung

Süßstoffe

Vorsicht Zucker!

Kohlenhydrate, dazu gehört auch Zucker, sind die Hauptenergiequelle unseres Körpers. Viele Körperfunktionen, insbesondere Muskel- und Gehirntätigkeit, erhalten so den nötigen »Treibstoff«. Eine Ernährung, die überwiegend aus Kohlenhydraten und einem großen Zuckeranteil besteht, schädigt jedoch den Organismus. Kohlenhydrate in jeder Form (auch Fruchtzucker, weißes Mehl etc.) bilden bei ihrer Verstoffwechselung im Körper Säuren. Um diese Säuren zu neutralisieren, werden basenbildende Mineralien benötigt. Enthält die Nahrung zu wenig basenbildende Nahrungsmittel, wie z. B. Gemüse, lagert der Organismus die Säure-Schlacken ins Bindegewebe ab und greift nachfolgend Mineraliendepots, z.B. in Zähnen und Knochen, an. Dies führt zur dauerhaften Schädigung der Körperzellen sowie zu Mangelerscheinungen. Die verschiedensten Erkrankungen sind die Folge.

Für die Gesundheit Ihres Kindes ist es deshalb wichtig, auf das Suchtmittel Zucker im Heiltee zu verzichten. Die Wirkstoffe des Heiltees können dadurch unbeeinflußt vom Organismus aufgenommen werden und dem Körper sofort zur Verfügung stehen. Ist Ihr Kind bereits an gesüßte Getränke gewöhnt, ist eine Umstellung von heute auf morgen nicht möglich. Zur Umgewöhnung kann übergangsweise mit gesünderen Alternativen, wie Honig oder Obstdicksäften, gesüßt werden. Sie enthalten zwar ebenfalls Zucker, aber in einer natürlichen

Form, die reich an Mineralien und Spurenelementen ist und die sich im Körper basisch auswirkt. Dieser »Naturzucker« kann ohne große Schlacken verstoffwechselt werden und hat zudem noch eine stärkende und heilende Wirkung. Das Problem »Zucker« ist damit leider noch nicht gelöst, denn das Bedürfnis von Kindern, Süßes zu essen wird damit nicht verändert. Das Verlangen nach Süßem kann jedoch auf ein Normalmaß reduziert werden, indem Sie die Menge des Süßungsmittels in Getränken nach und nach verringern und die Ernährung auf Vollwertkost umstellen.

Ahornsirup

Der Ahornsirup wird im Frühjahr aus dem Blattsaft des Zukkerahorns gewonnen. Der Ertrag eines 20jährigen Baumes liegt bei etwa 1 kg pro Saison, wodurch der Preis des Ahornsirups sehr hoch wird. Der Ahornsirup ist mild und würzig. Er enthält viele Mineralstoffe (Kalium und Kalzium), die besonders Heranwachsende für den Aufbau der Knochen benötigen. Dieses Süßungsmittel wird auch zur Ernährung von Säuglingen eingesetzt und sehr gut vertragen.

Ur-Süße

Für die Herstellung der Ur-Süße wird Zuckerrohrsaft vorsichtig ausgepreßt und in einem Spezialverfahren schonend getrocknet. Dieser »Naturzucker« hat einen karamelartigen Geschmack und enthält die natürlichen Mineralien des Zuckerrohrs, insbesondere Magnesium, Eisen sowie knochenstärkende Kieselsäure und Phosphor. Dr. A. Vogel berichtet in seinem Buch »Der kleine Doktor« von Indianerkindern, die trotz des reichlichen Kauens von Zuckerrohrstengeln erstaunlich schöne, starke Zähne hatten. Dies sollte uns nachdenklich stimmen und uns wieder mehr zu naturbelassenen, ausgewogenen Nahrungsmitteln greifen lassen.

Süßholz

Die im Süßholz enthaltenen Salze der Glyzyrrhinsäure haben eine Süßkraft, die ca. 50mal stärker ist als die von Zucker. In der Lebensmittelindustrie wird sie deshalb zur Herstellung von Süßwaren, wie Lakritze bzw. Bärendreck, verwendet. Für die Verwendung im Kräutertee sprechen zwei weitere Eigenschaften der Süßholzwurzel, nämlich die Geschmacksverbesserung und ihre Heilwirkung. Zum Süßen einer Tasse bitteren Tees genügen zwei bis drei Krümel der Wurzel. Da Süßholz auch Substanzen enthält, die dem Nebennierenhormon Cortison ähneln, kann es bei übermäßigem Verzehr zu Nebenwirkungen kommen. Dies ist bei der Anwendung in Heiltees auf keinen Fall zu erwarten, sollte Sie aber dennoch davor warnen, mit diesem »Genußmittel« allzu großzügig umzugehen. Eine ausführliche Beschreibung des Süßholz finden Sie unter »Heilpflanzen für Kinder von A bis Z«.

Honig

Dem Honig gebührt ein besonderer Platz, da er nicht nur ein Süßungs-, Genuß- und Nahrungsmittel, sondern auch ein mildes Arzneimittel ist.

Dies beruht auf der besonderen Zusammensetzung dieses wunderbaren Naturproduktes. Er besteht aus einem Gemisch von ca. 80 Prozent Frucht- und Traubenzucker und 20 Prozent Wasser, in welches eine Vielzahl von Substanzen eingelagert ist. Enzyme, hormonähnliche Stoffe, organische Säuren, Mineralstoffe und Vitamine sorgen für eine harmonische Funktion der Organe, ohne zu belasten und den Körper zu schädigen. Das »Lebenselixier Honig« verbessert die Funktion von Nerven, Herz und Kreislauf, wodurch die Sauerstoffversorgung der Zellen erhöht und der Organismus besser entgiftet wird.

Besonders Kinder sprechen auf die Gabe von Honig an. Kleine Zappelphilippe werden ruhiger, und schwächliche, ewig kränkelnde Kinder erhalten durch das ausgewogene Gemisch an Nähr- und Heilstoffen wieder Energie. Seine antibiotischen Eigenschaften erhöhen die Wirkung aller Naturheilmittel, die innerlich bei Infektionskrankheiten und äußerlich bei Hauterkrankungen und Wunden verwendet werden.

Die Wirkung des Honigs orientiert sich aber auch an dem Wirkungsbild der Pflanze, die von der Biene beflogen wurde. Waldhonigsorten z. B. sind reich an Harzen und ätherischen Ölen der Nadelbäume. Sie eignen sich besonders bei Erkrankungen der Luftwege und des Harnsystems. Blütenmischhonigsorten dagegen haben eine sehr gute Wirkung auf Allergiker, wenn sie aus der Umgebung des Erkrankten stammen.

Wichtig ist, daß der Honig kaltgeschleudert wurde. Durch Erhitzen oder Aufkochen verliert er seine Heilkraft völlig, und aus dem Heilmittel wird ein reines Genuß- bzw. Süßungsmittel. Deshalb sollten Sie zur Erhaltung der Wirkstoffe den Honig immer in den abgekühlten, lauwarmen Tee einrühren und möglichst sofort langsam und schluckweise trinken.

Und noch zum Schluß ein alter, wirklich weiser Spruch, der zum Honig paßt: »Lebe so, daß die Nahrung zum Heilmittel wird und das Heilmittel zur Nahrung.«

Obstdicksäfte und Obstsäfte

Obstdicksäfte

Zur Herstellung von Obstdicksäften werden Trauben, Birnen und Äpfel, seltener Datteln und Feigen verwendet. Der aus dem Obst gewonnene Fruchtsaft wird eingedickt, und man erhält einen fruchtigen, süßsäuerlichen Sirup. Dieser ist reich an natürlichem Fruchtzucker sowie Vitaminen und Mineralstoffen des verwendeten Obstes. Fruchtzucker sind einfache Zucker und können vom Organismus leicht aufgenommen und verstoffwechselt werden. Sie gehen unmittelbar ins Blut über und dienen dem Körper als Kraftspender. Der Obstdicksaft ist deshalb eine gesündere Alternative zum Zucker. Doch auch er ist ein Süßmittel und sollte, wenn überhaupt notwendig, nur sehr sparsam verwendet werden.

Heimische Obstsorten und ihr Nutzen für die Gesundheit

Die naturreine Süße der Früchte kann genutzt werden, um die Heiltees zu süßen, aber auch geschmacklich zu verbessern. Zusätzlich steckt in jeder Obstsorte, bedingt durch ihre individuelle Zusammensetzung, eine bestimmte Heilkraft. Obst enthält viele Heil- und Schutzstoffe sowie wichtige Mineralien wie Kalium, Kalzium, Eisen etc., die für Stoffwechselfunktionen und zur Bildung von Basen benötigt werden. Auch wenn die Früchte Zucker enthalten oder sauer schmecken, wirken sie in unserem Körper basisch und regulieren damit unser Säure-Basen-Gleichgewicht, den Stoffwechsel sowie die Funktionen unserer Organe. Die Fruchtsäuren des Obstes desinfizieren, reinigen und erfrischen, wodurch auch sie vorbeugend und heilend wirken. Doch alles in Maßen! Durch übermäßigen Obstkonsum, aber auch in Kombination mit stärkehaltiger Nahrung, kann es im Darm zur Gärung kommen, wodurch sich dann die Basen- in Säurespender verwandeln!

Heimische, unbehandelte Obstsorten sollten bevorzugt verwendet werden, denn sie sind meist natürlich gereift, weniger belastet und frischer, da sie keine langen Transportwege zu überstehen hatten. Den größten Teil der Nährstoffe erhalten Sie, wenn der Saft frisch gepreßt wird. Verwenden Sie zur Heilung Ihres Kindes, keine »Flaschensäfte« (außer aus dem Reformhaus), denn sie sind meist gezuckert, verdünnt und konserviert. Frisch gepreßter Saft ist rein und ohne Zusätze. Er enthält natürliche und frische Nährstoffe, die für die Gesundheit Ihres Kindes von so großer Bedeutung sind.

Apfel

Hauptwirkstoffe: Reich an Kalium, Magnesium, Phosphor, Pektin, Gerbstoff, Enzymen, Malic- und Tartarinsäuren.
Heilwirkung: Entwässert und stärkt die Nieren, bindet Schadstoffe, insbesondere Blei und Quecksilber sowie Darmgifte, und scheidet sie aus, unterstützt die Entgiftungsfunktion der Leber, schützt die Gefäße, indem die Blutfette gesenkt werden, reinigt das Blut, normalisiert die Bakterienflora im Darm und reinigt ihn, beruhigt die Nerven, senkt hohen Blutdruck und fördert den Schlaf, wirkt gegen Bakterien und Viren, stärkt das Immunsystem, wirkt bei Entzündungen und Erkrankungen der oberen Luftwege mit Fieber, Husten, Heiserkeit und Schnupfen, hemmt die Krebsbildung.

Birne

Hauptwirkstoffe: Reich an Kalium, Folsäure, Kiesel- und Phosphorsäure, ätherischen Ölen, Gerbstoff.
Heilwirkung: Entwässert und stärkt die Nieren, hilft Harnsäure auszuscheiden, regt die Verdauung an, reinigt den Darm, bindet Schwermetalle und Giftstoffe und scheidet sie aus, hemmt Entzündungen im Magen-Darm-Bereich, unterstützt die Gehirn- und Nervenfunktion, löst den Schleim bei Erkältungen im Kopf- und Brustraum, fördert die Blutbildung und das Wachstum.

Heidelbeere

Hauptwirkstoffe: Reich an Vitamin E und C, Eisen, Carotin, Flavonen, Pektin und Gerbstoff.
Heilwirkung: Normalisiert und schützt die Darmflora, reguliert Verdauungsstörungen, insbesondere Durchfall, hemmt Ent-

zündungen im Magen-Darm-Bereich, stärkt das Immunsystem, schützt die Körperzellen vor freien Radikalen, entgiftet, fördert die Blutbildung, erhöht die Elastizität der Blutgefäße, senkt erhöhte Blutfettwerte, stärkt die Augenfunktion, insbesondere bei Nachtblindheit sowie bei empfindlichen und überanstrengten Augen, heilt Entzündungen im Mund- und Halsbereich, wirkt der Zahnkaries entgegen.

Himbeere

Hauptwirkstoffe: Reich an Kalium, Kalzium, Magnesium, Phosphor, Eisen, Biotin, Vitamin E, A und C, Flavonen, Pektin, Gerbstoff.
Heilwirkung: Entwässert und fördert die Nierenfunktion, reinigt und desinfiziert das Harnsystem, kräftigt Haare, Haut und Knochen, stärkt das Immunsystem, wirkt der Krebsbildung entgegen (insbesondere im Darmbereich), hemmt die Bildung schädlicher Mikroorganismen im Darm, regt die Verdauung an, festigt die Gefäßwände und erhöht deren Elastizität, hilft bei Sehschwäche und Augenleiden und ist als Getränk besonders geeignet für Fieberkranke.

Holunderbeere

Holunderbeersaft sollte Kindern nicht roh gegeben werden, da er Magen- und Darmbeschwerden hervorrufen kann! Die Beeren deshalb vor der Verwendung kochen, durchpassieren und mit Honig süßen!
Hauptwirkstoffe: Reich an Kalium, Kalzium, Phosphor, Eisen, Selen, Fluor, Vitamin A, B und C, Flavonen, Gerbstoff.
Heilwirkung: Bindet Schwermetalle, hilft bei Grippe und Erkältungen, kräftigt das Gefäßsystem und verbessert die

Durchblutung, fördert sanft die Darmentleerung, wird in der Volksheilkunde für jede Art von Neuralgie sowie bei Kopf-, Herz- und Nervenschmerzen empfohlen, reinigt das Blut, wirkt appetitanregend, heilt Erkrankungen und Entzündung der Luftwege, auch mit Lungenbeteiligung, schützt in der kalten Jahreszeit, wenn er regelmäßig getrunken wird, vor grippalen Infekten.

Johannisbeere

Hauptwirkstoffe: Reich an Kalium, Kalzium, Eisen, Carotin, Vitamin B, Vitamin E und C sowie zusätzlich C_2 Euler (Vitamin J) in schwarzen Johannisbeeren, Flavone, Pektin, Gerbstoff.
Heilwirkung: Entgiftet, indem sie den Darm und die Leber anregt, empfehlenswert bei Haut- und Stoffwechselerkrankungen, schützt vor Lungenentzündung (Vitamin J = Antipneumoniefaktor) und Entzündungen der Harnwege, hilft bei Infektionskrankheiten (z. B. Windpocken, Masern), ist ein gutes »Fiebermittel«, da harn- und schweißtreibend, wirkt entzündungshemmend bei Erkältungen mit Husten, Heiserkeit und Halsschmerzen, altes Hausmittel bei Keuchhusten, heilt Magen- und Darmentzündungen, schützt und kräftigt die Blutgefäße, ist appetitanregend, stärkt nach Erkrankungen und Operationen (Rekonvaleszenz), kräftigt Zahnfleisch und Zähne und wirkt Entzündungen im Mund- und Rachenraum entgegen.

Kirsche

Hauptwirkstoffe: Reich an Kalium, Carotin, Vitamin B und C, Kieselsäure.

Heilwirkung: Entwässert, wirkt auf den Magen- und Darmtrakt verdauungsfördernd, regt die Bauchspeicheldrüse sowie die Leber an, wodurch Stoffwechselfunktionen beschleunigt werden, reinigt und entgiftet. Wissenschaftler fanden in der Kirsche einen antibakteriellen Stoff gegen Zahnverfall.

Pflaume (Zwetschge)

Hauptwirkstoffe: Reich an Kalium, Zink, Vitamin A, B und E, Pektin.
Heilwirkung: Diätspeise bei Nieren- und Lebererkrankungen, mildes und unschädliches Abführmittel, appetitanregend, reinigt den Darm und leitet Gift- und Schadstoffe aus.

Traube

Hauptwirkstoffe: Reich an Kalium, Kalzium, Magnesium, Phosphor, Mangan, Vitamin A, E und B, Gerbstoff.
Heilwirkung: Regt den Darm und die Niere zur Ausscheidung an, entgiftet, entschlackt und entfettet, stärkt während und nach einer Erkrankung, reinigt und desinfiziert die ableitenden Harnwege, blutreinigend und blutbildend, bringt den Blutzucker ins Gleichgewicht, wirkt dem Wachstum bestimmter Viren (insbesondere Polio-, Herpes simplex- und Coxsackie-Viren) entgegen, bekämpft Zahnverfall, bekämpft und verhindert Krebs und andere bösartige Erkrankungen, stärkt die Abwehr, normalisiert den Kreislauf, geeignet auch als »Nährgetränk« für blutarme, stillende Mütter und ein ideales Getränk bei Fieber.

Weitere Zugaben

- ☆ getrocknete Früchte z. B. Rosinen (*Passulae majores*), Heidelbeeren (*Myrtilli fructus*)
- ☆ Zitronenschale (*Citri fructus cortex*)
- ☆ Orangenschale (*Citri aurantii pericarpium*)
- ☆ Orangenblüten (*Citrus aurantii flos*)
- ☆ Apfelschalen (*Pirus malus*) (In der Apotheke nicht mehr erhältlich! Apfelschalen können von biologischen Äpfeln selbst geschält und getrocknet oder über Kräuterhäuser bezogen werden.)
- ☆ Zimtrinde (*Cinnamoni ceylanici cortex*)
- ☆ Gewürznelken (*Caryophylli flos*)
- ☆ Vanilleschote (*Vanillae fructus*)
- ☆ Verveine »wohlriechendes Eisenkraut« (*Aloysia triphylla*)
- ☆ Waldmeister (*Galium odoratum*)

Heilpflanzen für Kinder von A bis Z

Anis (*Pimpinella anisum*)

- *Standort*: Anbau im Kräutergarten, an sonnigen, geschützten Stellen. Wild kommt er in unseren Breitengraden nur durch Verwehung von Samen kultivierter Pflanzen vor. Vorsicht! Nicht mit dem giftigen Schierling verwechseln!
- *Verwendeter Pflanzenteil*: die reifen Samen, *Anisi fructus*.
- *Sammelzeit*: Juli bis September.
- *Hauptwirkstoffe*: ätherische Öle (hauptsächlich Anethol).
- *Heilwirkungen*: schleim- und krampflösend, auswurffördernd, beruhigend, harntreibend, appetitanregend, antimikrobiell, steigert die Sekretion der Milchdrüsen.
- *Anwendungsgebiete*: innerlich und äußerlich bei Husten- und Bronchialerkrankungen, Verdauungsstörungen (z.B. Blähungen, Zahnungsdurchfälle, Dreimonatskoliken), Milchbildung, Magenbeschwerden, Mundgeruch, Appetitmangel, Schluckauf, Kopfläusen, Krätzmilben.
- *Anwendungsformen*: innerlich und äußerlich als Aufguß, Inhalation, Auflage, Vollbad.
- *Nebenwirkungen*: Sehr selten treten allergische Reaktionen der Haut, Atemwege und des Verdauungstraktes auf.

Augentrost (*Euphrasia officinalis*)

- *Standort*: trockene, magere Böden, Wiesen, Weg- und Waldränder, Abhänge.
- *Verwendeter Pflanzenteil*: blühendes Kraut, *Euphrasiae herba*.

☆ *Sammelzeit*: Juli bis September.
☆ *Hauptwirkstoffe*: Gerbstoffe, Glycoside (z. B. Aucubin), Bitterstoffe, ätherisches Öl.
☆ *Heilwirkungen*: schmerzlindernd, entzündungshemmend, innerlich als unspezifisches Reiztherapeutikum.
☆ *Anwendungsgebiete*: innerlich und äußerlich bei verklebten und entzündeten Augen (Bindehautentzündung, Heuschnupfen), Augenlidentzündung, empfindliche, gereizte und tränende Augen, zur Stärkung der Augen, bei Abwehrschwäche.
☆ *Anwendungsformen*: Aufguß, Auflage und Waschung.
☆ *Nebenwirkungen*: keine.

Baldrian (*Valeriana officinalis*)

☆ *Standort*: Wächst auf feuchten und trockenen Böden, an Flußufern, auf Wiesen, in Wäldern, Gräben und Hecken.
☆ *Verwendeter Pflanzenteil*: Baldrianwurzel, *Valerianae radix*.
☆ *Sammelzeit*: September/Oktober.
☆ *Hauptwirkstoffe*: Valepotriate, ätherisches Öl, Isovaleriansäure, Sesquiterpene, Alkaloide, Gerb- und Schleimstoffe.
☆ *Heilwirkungen*: entspannt und beruhigt, ausgleichend, wirkt anregend auf die Hirnleistung, stärkt das Nervensystem, wirkt krampflösend und harntreibend.
☆ *Anwendungsgebiete*: innerlich und äußerlich bei Einschlaf- und Durchschlafstörungen, Angstzuständen, nervöser Unruhe, Konzentrationsstörungen, Hysterie, bei nervös bedingten Erkrankungen wie Kopfschmerzen sowie Magen- und Darmbeschwerden.
☆ *Anwendungsformen*: Aufguß oder Kaltauszug, Vollbad.
☆ *Nebenwirkungen*: keine. Wegen des Geschmacks und

Geruchs ist Baldrian bei Kindern nur in Kombination mit anderen Heilpflanzen oder als Bad einsetzbar. Generell sollte reiner Baldriantee nur kurzfristig getrunken werden. Nach zwei Wochen zu einem anderen Tee wechseln und die Kur nach drei bis vier Wochen wiederholen.

Brennessel, groß (*Urtica dioica*)

☆ *Standort*: Wächst auf stickstoffreichen Böden, überall, wo Menschen hausen, an Wegen, in Wäldern und Hecken, auf Schuttplätzen und Ödland.
☆ *Verwendeter Pflanzenteil:* das ganze Kraut, *Urticae herba.*
☆ *Sammelzeit:* Frühjahr bis Herbst.
☆ *Hauptwirkstoffe:* Chlorophyll, Kieselsäure, Eisen, Karotinoide, Vitamin C, Mineralsalze, (Magnesium, Kalium, Kalzium, Phosphor), Glucokinin, Gerbstoff, Flavonoide.
☆ *Heilwirkungen*: harntreibend, blutbildend, blutreinigend, blutstillend, stoffwechselanregend, stärkend, entzündungshemmend, milchtreibend, Blutzucker stabilisierend.
☆ *Anwendungsgebiete*: innerlich und äußerlich bei Entzündung der Harnwege, Blasenschwäche, Regulation und Aktivierung des Immunsystems, bei Milzerkrankungen, Allergien, Hauterkrankungen, Bindegewebsschwäche, Blutarmut, gut für Kinder, Schwangere und stillende Mütter, Erschöpfungszustände, Therapie begleitend bei Diabetes, Lymphdrüsenschwellung z.B. bei Scharlach, Verschleimung der Atemwege, Entzündungen im Mund- und Rachenraum.
☆ *Anwendungsformen*: Aufguß, Spülen und Gurgeln, Waschung, Vollbad.
☆ *Nebenwirkungen:* keine.

Brombeerblätter (*Rubus fruticosus*)

- ☆ *Standort:* Bevorzugt sonnige Plätze und kalkarme Böden. Kultiviert in Gärten, wild in Gebüschen und Hecken, im lichten Wald, an Weg- und Waldrändern.
- ☆ *Verwendeter Pflanzenteil:* Brombeerblätter, *Rubi fruticosi folium.*
- ☆ *Sammelzeit:* im späten Frühjahr (Mai/Juni), die jungen voll entfalteten Blätter.
- ☆ *Hauptwirkstoffe:* Gerbstoffe, Flavonoide, Vitamin C, Bitterstoffe.
- ☆ *Heilwirkungen:* adstringierend, entzündungshemmend, blutreinigend, leicht stopfend.
- ☆ *Anwendungsgebiete*: innerlich und äußerlich bei leichten Durchfallerkrankungen, Entzündungen der Mundschleimhaut z. B. Soor, bei Hautausschlägen, Hals- und Rachenentzündung, Husten und Heiserkeit, Bestandteil von Hausteemischungen.
- ☆ *Anwendungsformen*: Aufguß, Gurgeln und Spülen, Waschung, Einlauf.
- ☆ *Nebenwirkungen*: keine.

Eibisch (*Althaea officinalis*) »geschützt«

- ☆ *Standort*: Der Eibisch ist wild sehr selten anzutreffen und stammt dann meist aus verwilderten Kulturen. Er bevorzugt feuchte, salzige und tiefgründige Böden. Diese findet er auf Wiesen, an Flußufern und Gräben.
- ☆ *Verwendeter Pflanzenteil*: Eibischwurzel, *Althaeae radix*; Eibischblätter, *Althaeae folium*; Eibischblüten, *Althaeae flos.*
- ☆ *Sammelzeit*: Bitte beachten: Der Eibisch steht unter Naturschutz! Bei Kulturpflanzen die Wurzel: Oktober und

November; die Blätter: nach der Blüte, da sie vorher den geringsten Gehalt an Schleimstoffen besitzen; Blüten: Juli und August.

☆ *Hauptwirkstoffe*: Schleimstoffe, Stärke, Pektin, Zucker, Mineralstoffe, Gerbstoffe, Flavonoide. Der Gehalt an Wirkstoffen ist in den Wurzeln am höchsten.

☆ *Heilwirkungen*: reizlindernd, schleimlösend, entzündungshemmend.

☆ *Anwendungsgebiete*: innerlich und äußerlich bei trockenem Reizhusten, Bronchialasthma, Keuchhusten und Bronchitis, Entzündungen im Mund- und Rachenraum, u. a. Mundfäule, Angina, Heiserkeit und Kehlkopfentzündung, Entzündungen im Magen- und Darmtrakt, insbesondere Reizdarm, sowie bei Hauterkrankungen und Wunden.

☆ *Anwendungsformen*: Kaltauszug, Auflage, Wickel, Spülen und Gurgeln, Einlauf.

☆ *Nebenwirkungen*: keine.

Eiche (*Quercus*)

☆ *Standort*: lichte Laub- und Mischwälder.

☆ *Verwendeter Pflanzenteil*: die Rinde junger Zweige oder Stockausschläge, *Quercus cortex*.

☆ *Sammelzeit*: im Frühjahr.

☆ *Hauptwirkstoffe*: Gerbstoffe.

☆ *Heilwirkungen*: adstringierend, entzündungshemmend, schmerzlindernd, juckreizstillend, erhöht die Widerstandsfähigkeit der Haut.

☆ *Anwendungsgebiete*: äußerlich bei Hauterkrankungen (z. B. chronischen Ekzemen), Infektionen im Mund- und Rachenraum (z. B. Soor), durch Bakterien oder Pilze verursachte

Hautentzündungen (z. B. Windeldermatitis und Fußpilz), Schweißfüße.
- ☆ *Anwendungsformen*: Aufguß oder Abkochung, Gurgeln und Spülen, Voll- und Teilbad.
- ☆ *Nebenwirkungen*: bei äußerlicher Anwendung keine. Der hohe Gerbstoffgehalt kann bei innerlicher Anwendung zu Störungen im Magen- und Darmtrakt führen.

Fenchel (*Foeniculum vulgare*)

- ☆ *Standort*: Wird in Gärten als Gewürz- und Heilpflanze kultiviert und kommt nur selten verwildert vor. Er bevorzugt einen warmen, sonnigen Standort und nährstoffreiche, kalkhaltige, mäßig feuchte Böden. Vorsicht! Es besteht Verwechslungsgefahr mit giftigen Doldenblütlern.
- ☆ *Verwendeter Pflanzenteil*: reife Fenchelfrüchte (Samen), *Foeniculi fructus*.
- ☆ *Sammelzeit*: September/Oktober, je nach Reife.
- ☆ *Hauptwirkstoffe*: ätherische Öle (Trans-Anethol, Fenchon).
- ☆ *Heilwirkungen*: blähungstreibend, krampflösend, appetitanregend, verdauungsfördernd, beruhigend, schleimlösend, auswurffördernd, milchbildend, entzündungshemmend, leicht harntreibend.
- ☆ *Anwendungsgebiete*: innerlich und äußerlich bei Magen- und Darmbeschwerden u. a. Appetitlosigkeit, Krämpfe und Blähungen, Leber- und Galleleiden, lindert Husten und Heiserkeit, Bronchialasthma und Keuchhusten, Entzündungen der Augen (z. B. an Bindehaut, Lid), empfindliche und überanstrengte Augen, nervöse Unruhe, mangelnde Milchbildung.
- ☆ *Anwendungsformen*: Aufguß, Dampfbad, Waschung, Auflage.
- ☆ *Nebenwirkungen*: in der Regel keine. In sehr selten Fällen

wurden allergische Reaktionen von Haut, Magen und Darm beobachtet.

Goldrute (*Solidago virgaurea*)

- ☆ *Standort*: Zierpflanze in Gärten, aber auch wild auf trockenen Wiesen, in lichten Wäldern und am Waldrand.
- ☆ *Verwendeter Pflanzenteil*: die blühenden, nicht verholzten Teile des Goldrutenkrautes, *Solidaginis herba*.
- ☆ *Sammelzeit*: August bis Oktober.
- ☆ *Hauptwirkstoffe*: Flavonoide, Saponine, Phenylglycosid, Gerbstoffe, ätherisches Öl.
- ☆ *Heilwirkungen*: harntreibend, schwach krampflösend, entzündungshemmend, ödemhemmend, stoffwechselanregend, blutreinigend, stärkt das Nierengewebe.
- ☆ *Anwendungsgebiete*: innerlich und äußerlich bei Entzündungen der Nieren und der Blase sowie bei entzündlichen Erkrankungen der ableitenden Harnwege, bei Bettnässen, chronischen Hautleiden (Ekzemen), schlecht heilenden Wunden und Insektenstichen, lindert Keuchhusten und Bronchialasthma, stärkt das Immunsystem.
- ☆ *Anwendungsformen*: Aufguß, Auflage, Vollbad.
- ☆ *Nebenwirkungen*: keine. Bei chronischen Nierenleiden oder verringerter Nierentätigkeit muß vor der Anwendung ein Naturheiltherapeut befragt werden.

Hagebutte (*Rosa canina*)

- ☆ *Standort*: bevorzugt warme, sonnige Plätze in Gärten, Hecken, Gebüschen und an Wald- und Wegrändern.

☆ *Verwendeter Pflanzenteil*: die zerkleinerten Früchte mit Kernen, Hagebutten, *Cynosbati fructus cum semine*.
☆ *Sammelzeit*: September bis November.
☆ *Hauptwirkstoffe*: Fruchtsäuren, viel Vitamin C, Carotinoide, Mineralstoffe (Kalzium), Gerbstoffe, Flavonoide und Pektin.
☆ *Heilwirkungen*: abwehrsteigernd, entzündungshemmend, leicht harntreibend und abführend, blutreinigend, appetitanregend und verdauungsfördernd.
☆ *Anwendungsgebiete*: innerlich vorbeugend und heilend bei allen Erkältungs- und Infektionskrankheiten, zur Steigerung der Abwehrkräfte und Zellfunktionen, in der Schwangerschaft und Stillzeit, bei Vitamin-C-Mangel, Fieber, Appetitlosigkeit und zur Blutreinigung.
☆ *Anwendungsformen*: Aufguß.
☆ *Nebenwirkungen*: keine.

Hibiscus (*Hibiscus sabdariffa*)

☆ *Standort*: Der Hibiscus wird in vielen tropischen Ländern angebaut. Wild findet man ihn in der Nähe von Siedlungen, auf Brachland und in Savannen.
☆ *Verwendeter Pflanzenteil*: Hibiscusblüten, *Hibisci flos*. Hibiscusblüten werden bei uns im Handel auch als »Karkade« bezeichnet.
☆ *Sammelzeit*: Mai bis August.
☆ *Hauptwirkstoffe*: Pflanzensäuren (30 Prozent), Vitamin C, Anthocyane (Pflanzenfarbstoff), Flavonoide.
☆ *Heilwirkungen*: durstlöschend, schwach abführend, wassertreibend, antibakteriell, entzündungswidrig.
☆ *Anwendungsgebiete*: innerlich bei Erkältungskrankheiten sowie als »Durstlöscher« und Haustee verwendbar.

☆ *Anwendungsformen*: Aufguß.
☆ *Nebenwirkungen*: auch bei Dauergebrauch keine.

Himbeerblätter (*Rubus idaeus*)

☆ *Standort*: in Gärten im Halbschatten, aber auch wild im lichten Wald, an Wald- und Wegrändern und im Gebirge.
☆ *Verwendeter Pflanzenteil*: Himbeerblätter, *Rubi idaei folium*.
☆ *Sammelzeit*: im späten Frühjahr (Mai/Juni), die jungen voll entfalteten Blätter.
☆ *Hauptwirkstoffe*: Gerbstoffe, Flavonoide, Vitamin C.
☆ *Heilwirkungen*: entzündungshemmend, stopfend, appetitanregend, blutreinigend.
☆ *Anwendungsgebiete*: innerlich und äußerlich bei leichten Durchfällen, Entzündungen im Mund- und Rachenraum, während der Schwangerschaft, erleichtert die Geburt, bei chronischen Hauterkrankungen, als »Haustee«.
☆ *Anwendungsformen*: Aufguß, Spülen und Gurgeln, Waschungen, Einlauf.
☆ *Nebenwirkungen*: keine.

Holunder, Schwarzer (*Sambucus nigra*)

☆ *Standort*: Der Schwarze Holunder ist sehr anspruchslos und deshalb fast überall anzutreffen. Er wächst als Baum oder Strauch an Flüssen, an Wald- und Wegrändern, in Gebüschen und in Gärten. Stickstoffreiche Böden, die man in der Nähe menschlicher Behausungen findet, werden besonders bevorzugt. Vorsicht: Der Rote Holunder (*Sambucus racemosa*) ist giftig!

- ☆ *Verwendeter Pflanzenteil*: die Holunderblüten (Blütendolde), *Sambuci flos*.
- ☆ *Sammelzeit*: Juni und Juli.
- ☆ *Hauptwirkstoffe*: Flavonoide (*Rutin*), ätherisches Öl, Glycoside, Pflanzensäuren, Schleimstoffe, Gerbstoffe.
- ☆ *Heilwirkungen*: schweißtreibend, leicht harntreibend, stoffwechselanregend, hemmt die Ausbreitung von Infektionserregern und deren Giftstoffen.
- ☆ *Anwendungsgebiete:* innerlich bei Grippe und fieberhaften Erkältungskrankheiten, Bronchitis, Schnupfen, Kinderkrankheiten, Entzündungen im Mund- und Rachenraum, Stoffwechsel- und Hauterkrankungen, zur Steigerung der Abwehrkräfte und »Blutreinigung«.
- ☆ *Anwendungsformen:* Aufguß, Spülen und Gurgeln, Inhalation und Gesichtsdampfbad.
- ☆ *Nebenwirkungen*: keine.

Hopfen (*Humulus lupulus*)

- ☆ *Standort*: Der Hopfen wird meist kultiviert, kommt aber auch gelegentlich wild in Gebüschen, am Waldrand und an Ufern vor. Er bevorzugt Halbschatten und feuchte, nährstoffreiche Böden.
- ☆ *Verwendeter Pflanzenteil*: die weiblichen Blüten (Hopfenzapfen), *Lupuli strobulus*.
- ☆ *Sammelzeit:* August/September.
- ☆ *Hauptwirkstoffe*: Bitterstoffe, Gerbstoffe, Flavonoide, ätherische Öle.
- ☆ *Heilwirkungen*: beruhigend, krampflösend, schlaffördernd, verdauungsfördernd, appetitanregend und auch harntreibend.

- *Anwendungsgebiete*: innerlich und äußerlich bei Nervosität, Angst- und Spannungszuständen, Schlafstörungen, nervösen Magen- und Darmbeschwerden, u.a. Blähungen und Krämpfen, bei Harnverhaltung, Hauterkrankungen.
- *Anwendungsformen*: Aufguß, Auflage, Vollbad, »Hopfenkissen«.
- *Nebenwirkungen*: keine.

Johanniskraut (*Hypericum perforatum*)

- *Standort*: Wiesen, Äcker, Hügel, Wald- und Wegränder an einem trockenen, sonnigen Platz.
- *Verwendeter Pflanzenteil*: das blühende Johanniskraut, *Hyperici herba*. Die meisten Wirkstoffe sind in den Blüten enthalten.
- *Sammelzeit*: Juni bis September.
- *Hauptwirkstoffe*: Hypericin, ätherisches Öl, Flavonoide, Gerbstoffe.
- *Heilwirkungen*: antidepressiv, stimmungsaufhellend, beruhigend nervenstärkend, wundheilend, entzündungshemmend, schmerzstillend, verdauungsregulierend.
- *Anwendungsgebiete*: innerlich und äußerlich bei Schlafstörungen, Depressionen, Angstzuständen, Nervosität, psychovegetativen Störungen, psychosomatischen Erkrankungen u. a. Asthma und Bettnässen, Konzentrationsstörungen, Hauterkrankungen, Stoffwechsel- und Kreislaufstörungen, Menstruationsbeschwerden, Migräne, Verletzungen (Blutergüssen, Prellungen, Wunden, Zerrungen), Schwangerschaft und Stillzeit.
- *Anwendungsformen*: Aufguß, Waschung, Auflage, Wickel, Voll- und Teilbäder.

☆ *Nebenwirkungen*: Bei normalen Dosierungen auch bei länger anhaltender Anwendung keine! Die Anwendung von Johanniskraut weit über der normalen Dosierung erhöht jedoch die Lichtempfindlichkeit! Besonders blonde und rothaarige Kinder sollten deshalb vorsichtshalber während einer intensiveren Behandlung mit Johanniskraut pralles Sonnenlicht meiden und auch auf künstliche Sonnenbestrahlung möglichst verzichten

Kamille (*Matricaria chamomilla*)

☆ *Standort*: Die Kamille bevorzugt sonnige Plätze, ist sonst aber anspruchslos. Man findet sie in der Ebene auf Schuttplätzen, Ackerflächen, Wiesen, an Wegrändern, als Unkraut auf Getreidefeldern und im Gebirge. Vorsicht! Nicht mit anderen Kamillenarten verwechseln. Diese können für Heiltees nicht verwendet werden.

☆ *Verwendeter Pflanzenteil*: Kamillenblüten, *Matricariae flos.*

☆ *Sammelzeit*: Mai bis August.

☆ *Hauptwirkstoffe*: ätherisches Öl, Flavonoide, Bitterstoffe.

☆ *Heilwirkungen*: beruhigend, krampflösend, blähungstreibend, wundheilend, schmerzlindernd, entzündungshemmend, wirkt gegen Pilze und Bakterien.

☆ *Anwendungsgebiete*: innerlich und äußerlich bei Magen- und Darmbeschwerden, u.a Entzündungen, Blähungen und Krämpfen, bei Entzündungen im Mund- und Rachenbereich, Zahnschmerzen, Nasennebenhöhlenentzündung, Schnupfen, Entzündungen und Verletzungen der Haut, zur Reinigung der Gesichtshaut, bei Hauterkrankungen, unterstützt die Abwehrkräfte bei allen Infektionskrankheiten, indem die Bakteriengifte unschädlich gemacht werden (Universität Gießen), bei Menstruationsbeschwerden, Reizbarkeit und innerer Unruhe.

☆ *Anwendungsformen*: Aufguß, Waschung, Auflage, Wickel, Voll- und Teilbäder, Einlauf, Gesichtsdampfbad und Inhalation, Gurgeln und Spülen.

☆ *Nebenwirkungen*: keine. Kamillentee ist kein Haustee, sondern ein Heiltee! Bei hoher Dosierung und Dauergebrauch kann es zu Unruhezuständen, Magen- und Bindehautentzündungen sowie Schwindel kommen.

Königskerze (*Verbascum densiflorum und V. phlomoides*)

☆ *Standort*: Die Königskerze, auch Wollblume genannt, wächst gerne an sonnigen Plätzen und auf trockenem, steinigem oder sandigem Boden. Man findet sie deshalb auf Ödland und Schuttplätzen, an Mauern, Wegrändern und Böschungen sowie in Gärten als typischen Kulturbegleiter des Menschen.

☆ *Verwendeter Pflanzenteil*: Königskerzenblüten, *Verbasci flos*.

☆ *Sammelzeit*: Juli bis August.

☆ *Hauptwirkstoffe*: Schleimstoffe, Saponine, Flavonoide, Iridoide, ätherisches Öl.

☆ *Heilwirkungen*: hustenstillend, schleimlösend, auswurffördernd, reizlindernd, beruhigt die Magen- und Darmschleimhaut, krampflösend, harntreibend, fiebersenkend, leicht schweißtreibend, wundheilungsfördernd, blutreinigend.

☆ *Anwendungsgebiete*: innerlich und äußerlich bei akuten und chronischen Erkrankungen der Atemwege mit Husten und Heiserkeit, wie Angina, Bronchitis, Asthma und Keuchhusten, bei Erkrankungen des Magen-Darm-Kanals, wie

Magenkrämpfe und Durchfälle, bei Fieber, Bettnässen, Schmerzzuständen, nässenden und eitrigen Hautverletzungen, entzündlichen Hauterkrankungen.
☆ *Anwendungsformen*: Aufguß, Spülen und Gurgeln, Auflage, Teilbäder, Einlauf.
☆ *Nebenwirkungen*: keine.

Kümmel (*Carum carvi*)

☆ *Standort*: bevorzugt feuchten, tiefgründigen Boden und sonnige Plätze auf Wiesen, Weiden, Äckern und Schuttplätzen. Nicht mit giftigen Doldenblütlern verwechseln!
☆ *Verwendeter Pflanzenteil*: Kümmelfrüchte (Samen), *Carvi fructus*.
☆ *Sammelzeit*: Juni bis August.
☆ *Hauptwirkstoffe*: ätherisches Öl, Flavonoide.
☆ *Heilwirkungen*: krampflösend, appetitanregend, magenstärkend, regt die Bildung von Magen- und Gallensaft an, verdauungsfördernd, blähungstreibend, antibakteriell, milchtreibend.
☆ *Anwendungsgebiete*: Innerlich und äußerlich bei Magen- und Darmbeschwerden, u.a. »Dreimonatskoliken«, Magenschwäche und Blähungen, normalisiert die Darmflora, indem er das Wachstum krankheitserregender Bakterien und Pilze hemmt, Menstruationsbeschwerden, Anregung der Milchbildung bei stillenden Frauen.
☆ *Anwendungsformen*: Aufguß, Auflage, Wickel, Vollbad, heißes »Kümmelsäckchen« bei Schmerzen.
☆ *Nebenwirkungen*: keine.

Lavendel (*Lavandula angustifolia*)

- *Standort*: Der Lavendel ist im Gebiet rund um das Mittelmeer heimisch, kann aber auch im Garten kultiviert werden. Er bevorzugt einen geschützten, sonnigen Platz und trockene, kalkreiche Böden.
- *Verwendeter Pflanzenteil*: Lavendelblüten, *Lavandulae flos*.
- *Sammelzeit*: Juli und August.
- *Hauptwirkstoffe*: ätherisches Öl, Gerbstoffe, Bitterstoffe.
- *Heilwirkungen*: beruhigend, krampflösend, entblähend, harntreibend, galletreibend, geburtsfördernd.
- *Anwendungsgebiete*: Einschlafstörungen, Unruhe, Nervenschwäche, nervöse Magen- und Darmbeschwerden, u. a. nervöser Reizmagen, Durchfälle, Krämpfe und Blähungen, Appetitlosigkeit, Leber- und Milzerkrankungen, funktionelle Kreislaufstörungen, Schwindel, Kopfschmerzen.
- *Anwendungsformen*: Aufguß, Auflage, Vollbad, »Lavendelschlafkissen«.
- *Nebenwirkungen*: keine.

Linde (*Tilia cordata* - Winterlinde / *Tilia platyphyllos* - Sommerlinde)

- *Standort*: Die Linde kommt in Laubwäldern und an Flußufern vor. Sie wird auch häufig an Straßen und auf Plätzen angepflanzt, darf dann aber natürlich nicht für Heilzwecke verwendet werden.
- *Verwendeter Pflanzenteil*: Lindenblüten (Blüte mit Hochblatt), *Tiliae flos*.
- *Sammelzeit*: Juni und Juli, ein bis drei Tage nach dem Aufblühen.

☆ *Hauptwirkstoffe*: Schleimstoffe, Flavonoide, Gerbstoffe, ätherisches Öl.
☆ *Heilwirkungen*: schweißtreibend, reizmildernd, beruhigend, krampflösend, harntreibend, schleimlösend, entgiftend.
☆ *Anwendungsgebiete*: innerlich und äußerlich bei Erkältungskrankheiten und Grippe, insbesondere bei Fieber, Husten und Schnupfen, Bronchitis, Blasen- und Nierenentzündungen, zur Steigerung der körpereigenen Abwehrkräfte, »Blutreinigung«, bei Unruhezuständen, nervös bedingten Magen- und Darmbeschwerden, Kopfschmerzen, Schlafstörungen.
☆ *Anwendungsformen*: Aufguß, Vollbad.
☆ *Nebenwirkungen*: keine.

Löwenzahn (*Taraxacum officinale*)

☆ *Standort*: Als typische Unkrautpflanze wächst er überall dort, wo sein Samen hingeweht wird, auf Wiesen, Weiden und Ackerflächen, an Wegrändern und in Gärten.
☆ *Verwendeter Pflanzenteil*: Löwenzahnwurzel mit -kraut, *Taraxaci radix cum herba*.
☆ *Sammelzeit*: die ganze Pflanze, April und Mai, kurz vor dem Aufblühen; die Wurzeln im Frühjahr und Herbst.
☆ *Hauptwirkstoffe*: Bitterstoffe, Gerbstoffe, Carotin, Vitamin B_2, Vitamin C, Mineralien (viel Kalium) und Spurenelemente, Fruchtzucker und eine besondere Zuckerart, das Inulin, Flavonoide.
☆ *Heilwirkungen*: harntreibend, regt Leber und Galle an, appetitanregend, verdauungsfördernd, entgiftend, stoffwechselanregend, kräftigend.
☆ *Anwendungsgebiete*: Nieren- und Blasenentzündungen, Lebererkrankungen, Verdauungsbeschwerden, wie Appetit-

losigkeit und Blähungen, chronische Hauterkrankungen, u. a. Ekzemen, »Blutreinigung«, Stoffwechselstörungen, u. a Rheuma, Gicht und Diabetes mellitus, auch bei Kopfschmerzen.

☆ *Anwendungsformen*: Abkochung (eine Minute kochen, zehn Minuten ziehen lassen), Aufguß (bei empfindlichen Personen/Kindern).

☆ *Nebenwirkungen*: keine. Eine hohe Dosierung kann Magenbeschwerden (Übersäuerung) verursachen.

Malve (*Malva sylvestris* – wilde Malve / *Malva neglecta* – Wegmalve)

☆ *Standort*: wächst auf nährstoffreichem Boden an Weg- und Wiesenrändern, auf Schuttplätzen, sonnigen Hängen und Mauern.

☆ *Verwendeter Pflanzenteil*: Malvenblüten, *Malvae flos* und Malvenblätter, *Malvae folium*.

☆ *Sammelzeit*: Juni bis September.

☆ *Hauptwirkstoffe*: Schleimstoffe, Flavonoide, Gerbstoffe, Vitamine A, B und C.

☆ *Heilwirkungen*: reizlindernd, entzündungshemmend, schleimlösend und auswurffördernd.

☆ *Anwendungsgebiete*: innerlich und äußerlich bei Erkältungen und Grippe, Schleimhautentzündungen im Mund- und Rachenraum, trockenem Reizhusten, Keuchhusten, Heiserkeit, Halsweh, Kehlkopf- und Mandelentzündung, Bronchitis, Fieber, bei Harnwegsinfekten, Darmentzündungen und Durchfällen, bei nicht offenen Wunden, u.a. Insektenstichen, Ekzemen und Allergien.

☆ *Anwendungsformen*: Aufguß, Waschung, Inhalation, Spülen und Gurgeln, Teil- und Vollbad, Einlauf.
☆ *Nebenwirkungen*: keine.

Pfefferminze (*Mentha piperita*)

☆ *Standort*: Sie kann im Garten oder auf dem Balkon angepflanzt werden. Verwildert kommt die Pfefferminze nur äußerst selten vor. Sie bevorzugt einen humusreichen, feuchten Boden und einen Platz im Halbschatten oder in der Sonne.
☆ *Verwendeter Pflanzenteil*: Pfefferminzblätter, *Menthae piperitae folium*.
☆ *Sammelzeit*: Juni und Juli, vor der Blüte und im September.
☆ *Hauptwirkstoffe*: ätherisches Öl, Gerbstoffe, Bitterstoffe, Flavonoide.
☆ *Heilwirkungen*: krampflösend, schmerzlindernd, ausgleichend, nervenstärkend, galletreibend, appetitanregend, verdauungsanregend, kühlend, juckreizstillend, hemmt die Vermehrung von Bakterien auf der Haut und in den ableitenden Harnwegen, hautreinigend, wurmtreibend, kräftigend, erfrischend und belebend, stärkt das Immunsystem.
☆ *Anwendungsgebiete:* innerlich bei Magen- und Darmbeschwerden, wie Blähungen, Kämpfen, Übelkeit und Brechreiz, regt die Leber- und Gallentätigkeit an, bei Mundgeruch, Menstruationsbeschwerden, Schlafstörungen, Nervosität und Konzentrationsstörungen, Nervenschmerzen, Kopfschmerzen, Harnwegsinfekt und auch bei Hautunreinheiten.
☆ *Anwendungsformen*: Aufguß, Auflage, Gesichtsdampfbad, Spülen und Gurgeln, Vollbad, Einlauf.
☆ *Nebenwirkungen*: keine.

Ringelblume (*Calendula officinalis*)

- ☆ *Standort*: Die Ringelblume wird bei uns oft als Zierpflanze angepflanzt. Verwildert bevorzugt sie besonders lehmige und nährstoffreiche Böden sowie sonnige Plätze (z. B. Weinberge).
- ☆ *Verwendeter Pflanzenteil*: Ringelblumenblüten, *Calendula flos.*
- ☆ *Sammelzeit*: Juni bis Oktober.
- ☆ *Hauptwirkstoffe*: ätherisches Öl, Flavonoide, Saponine, Carotinoide, Bitterstoffe.
- ☆ *Heilwirkungen*: wundheilungsfördernd, entzündungshemmend, antimikrobiell, stoffwechselanregend, reinigend, schweißtreibend, harntreibend, wurmtreibend, milchbildend, menstruationsregulierend.
- ☆ *Anwendungsgebiete*: innerlich und äußerlich bei Wunden aller Art, u. a. Verbrennungen, Blutergüssen, Muskel- und Sehnenzerrungen, bei Entzündungen der Haut und Schleimhäute, u. a. Infektionen, die durch Bakterien, Pilze und Insektenstiche hervorgerufen wurden, sowie bei Allergien und Ekzemen, Hautkrebs, Hautunreinheiten und Akne, empfindlichen und entzündeten Augen, Wurmbefall, bei schmerzhafter und unregelmäßiger Menstruation, zur Milchbildung und »Blutreinigung«.
- ☆ *Anwendungsformen*: Aufguß, Spülen und Gurgeln, Waschung, Auflage, Wickel.
- ☆ *Nebenwirkungen*: keine.

Rotbusch (*Aspalathus linearis*)

- ☆ *Standort*: Er gedeiht nur in den Cedarbergen am südwestlichen Rand Südafrikas. Der Rotbusch, auch Rooibos genannt, hat sich mit seinen nadelartigen Blättern an das trockenheiße Klima angepaßt.

☆ *Verwendeter Pflanzenteil*: die fermentierten Blätter des Rotbusches, *Aspalathi linearis folium.*

☆ *Sammelzeit*: Januar bis März.

☆ *Hauptwirkstoffe*: Flavonoide, essentielle Mineralien (Kalium, Kalzium, Magnesium, Zink, Fluor und Eisen) Vitamin C, wenig Gerb- und Bitterstoffe.

☆ *Heilwirkungen*: krampflösend, antiallergisch, reinigend, antioxidativ, ausgleichend und beruhigend, milchbildend.

☆ *Anwendungsgebiete*: Innerlich und äußerlich bei Ein- und Durchschlafstörungen, Nervosität, Krämpfen und Koliken, insbesondere Dreimonatskoliken der Babys, Allergien wie Heuschnupfen und Asthma bronchiale, bei Hauterkrankungen, u. a. Akne, Windeldermatitis und Ekzemen, Magenbeschwerden, u. a. nervösem Magen und Sodbrennen.

☆ *Anwendungsformen*: Aufguß, Waschung.

☆ *Nebenwirkungen*: keine.

Schachtelhalm (*Equisetum arvense*)

☆ *Standort*: Der Schachtelhalm wächst im Garten als »lästiges Unkraut«, aber auch auf Äckern und Feldern, auf Böschungen und an Wiesen-, Weg- und Grabenrändern. Er bevorzugt feuchten und lehmigen Boden. Aber Vorsicht! Es gibt giftige Schachtelhalmarten, wie den giftigen Sumpf- und Waldschachtelhalm. Um Verwechslungen zu vermeiden, nicht im Wald, auf feuchten Wiesen und in Sumpfgebieten sammeln.

☆ *Verwendeter Pflanzenteil*: Schachtelhalmkraut, *Equiseti herba.* Es dürfen keine braunen Flecken an der Pflanze sein. Dies deutet auf den Brandpilz *Ustilago equiseti* hin, der eine Unverträglichkeit des Schachtelhalms bewirken kann.

☆ *Sammelzeit*: Juni bis September.

☆ *Hauptwirkstoffe*: Kieselsäure (ca. 10 Prozent) und andere mineralische Bestandteile, Kaliumsalze, Saponine, Flavonoide.

☆ *Heilwirkungen*: harntreibend, stoffwechselanregend, gewebekräftigend, blutstillend, abwehrstärkend, wundheilungsfördernd, zusammenziehend und trocknend, blutreinigend, durchblutungsanregend.

☆ *Anwendungsgebiete*: innerlich und äußerlich bei Lungenerkrankungen, u. a Bronchitis, bei Hauterkrankungen und schlecht heilenden Wunden, u. a. Ekzemen, Milchschorf und Hautunreinheiten, bei Bindegewebsschwäche, bei Abwehrschwäche und Infektionskrankheiten, Blasen- und Nierenerkrankungen, u. a. Bettnässen, Reizblase und Entzündungen, bei inneren und äußeren Blutungen und Geschwüren, bei Stoffwechselerkrankungen, bei Schwellung der Drüsen und nach Verletzungen, zur »Blutreinigung«, bei Entzündungen im Mund- und Rachenraum, u. a. Zahnschmerzen und Mundfäule, bei Durchblutungsstörungen und auch bei Allergien.

☆ *Anwendungsformen*: Aufguß oder Kaltauszug (zwei bis drei gehäufte Teelöffel auf 250 ml Wasser), Spülen und Gurgeln, Waschung, Auflage, Teil- und Vollbad.

☆ *Nebenwirkungen*: Nicht anwenden bei Wassereinlagerungen infolge eingeschränkter Herz- und Nierentätigkeit!

Schafgarbe (*Achillea millefolium*)

☆ *Standort*: Die Schafgarbe wächst auf Wiesen, Weiden und Schuttplätzen sowie an Weg- und Feldrändern. Sie ist sehr genügsam und widerstandsfähig gegen Hitze, Dürre und Kälte. Sehr feuchte oder gar nasse Böden meidet sie.

- ☆ *Verwendeter Pflanzenteil*: das blühende Schafgarbenkraut, *Millefolii herba.*
- ☆ *Sammelzeit*: Juni bis September.
- ☆ *Hauptwirkstoffe*: ätherisches Öl, Bitterstoffe, Gerbstoffe, Flavonoide.
- ☆ *Heilwirkungen*: entzündungshemmend, antibakteriell, blutstillend, krampfstillend, appetitanregend, adstringierend (zusammenziehend), harntreibend, verdauungsfördernd, galletreibend, wurmtreibend, stoffwechselanregend, kräftigend.
- ☆ *Anwendungsgebiete*: innerlich und äußerlich bei Verdauungsstörungen, Appetitlosigkeit, Blähungen, krampfartigen Beschwerden von Magen, Darm und Unterleib, bei inneren und äußeren Blutungen (Lunge, Darm, Nase, Gebärmutter, Niere), Entzündungen der Haut und Schleimhäuten, u. a. Zahnschmerzen und Zahnfleischentzündungen, Erkrankungen der Harnorgane, Hauterkrankungen, u. a. Ekzemen, Schuppenflechte und aufgesprungenen Händen, zur »Blutreinigung«.
- ☆ *Anwendungsformen*: Aufguß, Waschung, Spülen und Gurgeln, Sitz- und Vollbad.
- ☆ *Nebenwirkungen*: Bei Kindern, die auf Korbblütler überempfindlich reagieren, kann es zu juckenden Hautaussschlägen mit Bläschenbildung kommen. In diesem Fall darf der Schafgarbentee weder innerlich noch äußerlich angewendet werden.

Spitzwegerich (*Plantago lanceolata*)

- ☆ *Standort*: Der Spitzwegerich wächst gerne auf sauerstoffarmen Böden, an Wegrändern, auf Wiesen, Weiden und

Schuttplätzen. Achtung! Nicht mit dem Breitwegerich (*Plantago major*) verwechseln, er hat nur eine geringe Heilwirkung.

- ☆ *Verwendeter Pflanzenteil*: Spitzwegerichblätter, *Plantaginis lanceolatae folium.*
- ☆ *Sammelzeit*: Mai bis September.
- ☆ *Hauptwirkstoffe*: Schleimstoffe, Iridoidglycoside, Gerbstoffe, Bitterstoffe, Flavonoide, Vitamine (A, C und K) und Mineralstoffe (Eisen, Zink, Kieselsäure).
- ☆ *Heilwirkungen*: reizmildernd, schleimlösend, antibakteriell, zusammenziehend, entzündungs- und ödemhemmend, juckreizlindernd.
- ☆ *Anwendungsgebiete*: innerlich und äußerlich bei Katarrhen der Luftwege mit Husten und Heiserkeit sowie Verschleimung der Atmungsorgane, Bronchitis, Keuchhusten und Asthma bronchiale, bei Fieber, Entzündungen der Mund- und Rachenschleimhaut, bei Hautentzündungen, u. a. Insektenstichen, Verbrennungen und Wunden, bei Entzündungen der Augenlider, leichten Durchfallerkrankungen und auch bei Bettnässen.
- ☆ *Anwendungsformen*: Aufguß, Spülen und Gurgeln, Auflage.
- ☆ *Nebenwirkungen*: keine.

Stiefmütterchen (*Viola tricolor*)

- ☆ *Standort*: Das Stiefmütterchen ist anspruchslos und kommt deshalb auch recht häufig vor. Es wächst als Unkraut auf Äckern, Wiesen, Weiden und in Gärten. Es sollte aber nicht mit dem Gartenstiefmütterchen verwechselt werden, das zwar größere und schönere Blüten hat, aber für die Heilteezubereitungen ungeeignet ist.

☆ *Verwendeter Pflanzenteil*: das blühende Stiefmütterchenkraut, *Violae tricoloris herba.*
☆ *Sammelzeit*: Mai bis August.
☆ *Hauptwirkstoffe*: Salicylsäureverbindungen, Saponine, Schleimstoffe, Gerbstoffe, Flavonoide, Bitterstoffe, Vitamin C und Kalzium, Carotinoide.
☆ *Heilwirkungen*: entzündungshemmend, juckreizlindernd, hautreinigend, schleimlösend, auswurffördernd, fiebersenkend, schweißtreibend, schmerzstillend, harntreibend, stoffwechselanregend, leicht abführend, kräftigend.
☆ *Anwendungsgebiete*: innerlich und äußerlich bei entzündeten, juckenden, trockenen und schuppigen Hauterkrankungen, wie Milchschorf, Neurodermitis, Ekzemen, Krätze und Akne, bei Katarrhen der oberen Luftwege mit Fieber und trockenem Husten, Fieberkrämpfen, Hysterie und Krämpfen der Kinder, Blasen- und Nierenleiden, u.a. Bettnässen, juvenile chronische Arthritis (JCA), zur »Blutreinigung« und Stärkung des Immunsystems.
☆ *Anwendungsformen*: Aufguß, Gurgeln, Gesichtsdampfbad, Waschung, Auflage, Wickel, Teilbäder.
☆ *Nebenwirkungen*: keine. In sehr, sehr seltenen Fällen kann es bei empfindlichen Kindern zu allergischen Hautreaktionen kommen, die nach Absetzen des Tees wieder verschwinden.

Süßholz (*Glycyrrhiza glabra*)

☆ *Standort*: Süßholz ist im Mittelmeerraum beheimatet. Früher wurde es auch bei uns feldmäßig angebaut. Heute findet man das Süßholz kaum noch verwildert.
☆ *Verwendeter Pflanzenteil*: die geschälte Süßholzwurzel, *Liquiritiae radix.*

- ☆ *Sammelzeit*: Frühjahr und Herbst.
- ☆ *Hauptwirkstoffe*: Saponine, Flavonoide, Bitterstoffe, ätherisches Öl.
- ☆ *Heilwirkungen*: schleimlösend, auswurffördernd, bakterien- und virenhemmend, entzündungshemmend, krampflösend, schmerzlindernd, magenstärkend, verdauungsfördernd, harntreibend.
- ☆ *Anwendungsgebiete*: innerlich bei Erkrankungen der Atemwege mit Husten und Heiserkeit, Bronchitis, krampfartigen Beschwerden im Magen-Darm-Trakt, u. a. Magenschleimhautentzündung, bei Erkrankungen der Nieren, Blase und der Harnwege.
- ☆ *Anwendungsformen*: Aufguß.
- ☆ *Nebenwirkungen*: Bei langfristiger Anwendung in hoher Dosierung kann es durch die sogenannte cortisonartige Wirkung der Droge zu Ödemen (Wassereinlagerung) und Bluthochdruck kommen. Dies ist bei bestimmungsgemäßer Anwendung jedoch nicht zu befürchten. Eine reine »Süßholzkur« sollte trotzdem nicht länger als vier bis sechs Wochen durchgeführt werden.

Thymian (*Thymus vulgaris*)

- ☆ *Standort*: Nur der Feldthymian (Quendel) kommt in Deutschland wild vor. Er ist jedoch nicht so reich an Wirkstoffen wie der echte Thymian, der im Mittelmeerraum heimisch ist. Thymian bevorzugt einen sonnigen Platz und trockene, kalkhaltige Böden. Er kann im Garten oder auf dem Balkon angepflanzt werden.
- ☆ *Verwendeter Pflanzenteil*: das blühende Thymiankraut, *Thymi herba*.

☆ *Sammelzeit*: Mai bis September.
☆ *Hauptwirkstoffe*: ätherisches Öl, Gerbstoffe, Bitterstoffe, Flavonoide.
☆ *Heilwirkungen*: schleimlösend, auswurffördernd, antimikrobiell (gegen Pilze, Bakterien und Würmer), schwach krampflösend, appetitanregend, magenstärkend, verdauungsfördernd, reinigend, menstruationsregulierend, nervenstärkend, belebend.
☆ *Anwendungsgebiete*: innerlich und äußerlich bei Erkältungen mit Fieber, Schnupfen, Halsweh und Husten, Keuchhusten und Bronchialasthma, Bronchitis, Magen- und Darmbeschwerden, u a. Magenschleimhautentzündungen, Blähungen und Krämpfen, bei Zahnfleisch- und Mundschleimhautentzündungen, Wunden, Hautunreinheiten, Blasenentzündung, schlechtem Schlaf, Nervenschwäche, »Kräftigungsmittel«, »Wurmmittel«.
☆ *Anwendungsformen*: Aufguß, Spülen und Gurgeln, Waschung, Inhalation und Gesichtsdampfbad, Sitzbad, Vollbad.
☆ *Nebenwirkungen*: keine.

Weißdorn (*Crataegus monogyna*, *C. oxyacantha* und andere Arten)

☆ *Standort*: Er wächst in Laubwäldern, Gebüschen und an Hängen sowie als Zierstrauch in Parkanlagen und Gärten. Der Weißdorn bevorzugt lehmige Böden an einem sonnigen bis halbschattigen Platz.
☆ *Verwendeter Pflanzenteil*: Weißdornblätter mit -blüten, *Crataegi folium cum flore*.
☆ *Sammelzeit*: Mai und Juni.

☆ *Hauptwirkstoffe*: Procyanide, Flavonoide, Amine, Catechingerbstoffe, Mineralstoffe (Kalium).
☆ *Heilwirkungen*: fördert die Herzdurchblutung und Herzleistung, stärkt die Herzmuskulatur, stärkt, reguliert und stabilisiert den Herzrhythmus, wirkt kräftigend und ausgleichend, entwässert und entfettet.
☆ *Anwendungsgebiete*: innerlich und äußerlich bei Beklemmungsgefühl in der Herzgegend, bei Herz- und Kreislaufstörungen, u. a. Normalisierung des Blutdrucks, zur Herzstärkung und »Blutreinigung«, zur Entgiftung und Stärkung während und auch nach Infektionskrankheiten, bei körperlicher und geistiger Leistungsschwäche, bei Übergewicht, nervösen Beschwerden, u. a. Schlaflosigkeit und erhöhter Reizbarkeit.
☆ *Anwendungsformen*: Aufguß, Auflage, Vollbad.
☆ *Nebenwirkungen*: auch bei Dauergebrauch keine.

Zitronenmelisse (*Melissa officinalis*)

☆ *Standort*: Wird in Gärten angepflanzt, kommt aber auch vereinzelt verwildert an Zäunen und Mauern sowie auf Schuttplätzen vor. Die Melisse bevorzugt einen sonnigen, windgeschützten Standort und nährstoffreiche, mäßig feuchte Böden.
☆ *Verwendeter Pflanzenteil*: Zitronenmelissenblätter, *Melissae folium*.
☆ *Sammelzeit*: Mai bis Juli, vor der Blüte und im September.
☆ *Hauptwirkstoffe*: ätherisches Öl, Gerbstoffe, Bitterstoffe, Mineralstoffe.
☆ *Heilwirkungen*: entspannend, beruhigend und ausgleichend, nervenstärkend, krampflösend, entblähend, verdauungsför-

dernd, appetitanregend, wirkt gegen Bakterien und Viren (Herpes simplex), kräftigend.

☆ *Anwendungsgebiete*: innerlich und äußerlich bei Nervosität und Schlafstörungen, psychosomatischen Erkrankungen, Hysterie, nervösen Magen- und Darmbeschwerden, Kopfschmerzen, Schwindel, Verdauungsbeschwerden, wie Verstopfung, Blähungen und Krämpfen, bei Wunden und Verletzungen, Insektenstichen, Hautunreinheiten, Menstruationsbeschwerden und zur Stärkung der Abwehrkräfte.

☆ *Anwendungsformen*: Aufguß, Waschung, Auflage, Gesichtsdampfbad, Vollbad.

☆ *Nebenwirkungen*: keine.

Heiltees: Welche Beschwerden - welcher Tee?

Abwehrschwäche

Schwere Erkrankungen müssen ausgeschlossen und die Ursachen für das geschwächte Immunsystem gefunden werden. Oft spielen die Ernährung, Impfungen sowie psychische Belastungen eine Rolle.

Sorgen Sie unbedingt für eine erhöhte Flüssigkeitszufuhr! Dadurch werden die Ausscheidungs- und Entgiftungsorgane wie Darm, Leber und Nieren angeregt und der Körper Ihres Kindes von belastenden Giftstoffen und Stoffwechselendprodukten befreit. Kommt es trotz der regelmäßigen Anwendung entsprechender Heiltees über ein halbes Jahr zu keiner Besserung des Allgemeinzustandes, muß ein Naturheiltherapeut hinzugezogen werden.

Einzeln verwendbare Heilkräuter: Augentrost, Brennessel, Brombeere, Hagebutte, Himbeere, Holunder, Johanniskraut, Kamille, Linde, Rotbusch, Schafgarbe, Thymian, Weißdorn.

Heiltees (Aufguß)

Tee zur Regulierung und Aktivierung des Immunsystems

Brennesselkraut 40 g
Hagebutten 25 g
Augentrostkraut 20 g
Pfefferminzblätter 15 g

Haustee zur Erhöhung der Abwehrkräfte

Himbeer- oder/und Brombeerblätter 40 g
Johanniskraut 35 g
Thymiankraut 25 g

Tee bei beginnender Erkältung

Holunder- und Lindenblüten oder Thymiankraut und Kamillenblüten zu gleichen Teilen mischen.

Tee zur Entgiftung und Stärkung während und nach Infektionskrankheiten

Rotbuschblätter 40 g
Pfefferminzblätter oder Thymiankraut 25 g
Schafgarbenkraut 20 g
Weißdornblätter mit -blüten 15 g

☆ *Die Wirkung kann durch Zugabe von Honig verstärkt werden.*
☆ *Jeder Obstsaft wirkt sich positiv auf das Abwehrsystem aus. Besonders empfehlenswert: Holunder- und Johannisbeersaft sowie Traubensaft.*

Ganzkörperwaschung

(zur Abhärtung und Anregung der Abwehrkräfte)

Kamillenblüten
Lindenblüten
Rotbuschblätter
Pfefferminzblätter

Wechselfußbad

(härtet ab, erhöht die Abwehrkräfte)

Holunderblüten
Lindenblüten

Die Füße werden zuerst 5 Minuten in warmes, dann 10 Sekunden in kaltes Wasser (jeweils mit dem Zusatz von Heiltee) getaucht.

Akne

Stellen Sie die Ernährung Ihres Kindes auf Vollwertkost um. Verwenden Sie möglichst naturbelassene und unbelastete Nahrungsmittel. Verboten sind Zucker und zuckerhaltige Nahrungsmittel (z. B. gezuckerte Fruchtsäfte, Marmelade, Süßigkeiten, Gebäck) sowie Schweinefleisch und Weißmehlprodukte. Bei Akne sollen die Heiltees ohne Süßmittel und Obstsäfte getrunken werden!

Einzeln verwendbare Heilkräuter: Brennessel, Himbeere, Löwenzahn, Pfefferminze, Ringelblume, Schachtelhalm, Schafgarbe und Stiefmütterchen.

Heiltees (Aufguß)

Blutreinigender, hautreinigender, stoffwechselanregender Tee

Himbeerblätter 40 g
Brennesselkraut 30 g
Löwenzahnwurzel mit -kraut 30 g
Pfefferminzblätter 20 g

Entzündungshemmender, hautreinigender Tee

Ringelblumenblüten 50 g
Stiefmütterchenkraut 50 g

Waschung

(hautreinigend)

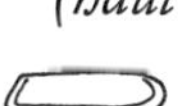

Schafgarbenkraut 60 g
Stiefmütterchenkraut 40 g

Gesichtsdampfbad

(hautreinigend, desinfizierend)
Kamillenblüten, Pfefferminzblättern oder Lavendelblüten

Allergien

Die Veranlagung zu Allergien ist bereits im Erbgut enthalten. Kommt es zur Häufung belastender Faktoren wie Impfung, Mangel- und Fehlernährung, psychische Belastungen etc. wirkt sich dies auf die Schwachstellen des Organismus aus. Die verschiedensten Allergien sind die Folge. Da die Ursachen und Auslöser individuell und sehr komplex sind, sollten Sie einen auf Allergien spezialisierten Heilpraktiker zu Rate ziehen. Heiltees können den überlasteten Organismus beruhigen, reinigen und kräftigen.

Einzeln verwendbare Heilkräuter: Brennessel, Johanniskraut, Linde, Löwenzahn, Malve, Ringelblume, Rotbusch, Schachtelhalm, Schafgarbe, Thymian, Weißdorn, Zitronenmelisse.

Heiltees (Aufguß)

»Antiallergietee I«, abwehrstärkend

Brennesselkraut 30 g
Rotbuschblätter 30 g
Lindenblüten 25 g
Thymiankraut 15 g

»Antiallergietee II«, abwehrstärkend

Schachtelhalmkraut 35 g
Löwenzahnwurzel mit -kraut 30 g
Rotbuschblätter 20 g
Gewürznelken 15 g

Reinigender Heiltee

Ringelblumenblüten 35 g
Schafgarbenkraut 25 g
Weißdornblätter mit -blüten 20 g
Verveine 20 g

Kräftigender Heiltee

Brennesselkraut 60 g
Zitronenmelissenblätter 40 g

☆ *Die Wirkung kann durch Zugabe von Honig verstärkt werden.*
☆ *Empfehlenswerte Obstsäfte als Zusatz: Apfel-, Birnen- und Traubensaft.*

Wickel, Auflage, Waschung oder Teil- und Vollbad (Aufguß)

(reizlindernd, entzündungshemmend)

Malvenblüten
Ringelblumenblüten
Rotbuschblätter
Schachtelhalmkraut
oder Johanniskraut

Einlauf

(reinigend)
Malvenblüten

Angstzustände

Sprechen Sie mit Ihrem Kind über seine Ängste und Sorgen! Anteilnahme schafft Vertrauen, vermittelt Sicherheit und Geborgenheit. Lösungen lassen sich besser finden und verwirklichen.

Einzeln verwendbare Heilkräuter: Baldrian, Johanniskraut, Lavendel, Melisse, Weißdorn, Orangenblüten.

Heiltees (Aufguß)

Beruhigender, stimmungsaufhellender und nervenstärkender Tee

Zitronenmelissenblätter 45 g
Johanniskraut 35 g
Weißdornblätter mit -blüten 20 g

Beruhigend und ausgleichend wirkender Tee

Zitronenmelissenblätter 60 g
Orangenblüten 40 g

☆ *Die Wirkung der Heilpflanzen kann verstärkt werden, indem man den lauwarmen Tee mit Honig süßt.*

☆ *Honig beruhigt und stärkt die Nerven und wirkt sich positiv auf die Angstzustände aus.*

Vollbad

(beruhigend)

Lavendelblüten
Zitronenmelissenblätter
Baldrianwurzeln

Appetitlosigkeit

Verhindern Sie, daß Ihr Kind zwischen den Mahlzeiten das Falsche ißt (z. B. Süßigkeiten) oder trinkt (z. B. Limonade). Zwingen Sie Ihr Kind nicht zum Essen!

Es ist normal, daß der Appetit von Kindern großen Schwankungen unterliegt. In einer Wachstumsphase wird meist überdurchschnittlich viel gegessen, während einer Erkrankung dagegen gar nichts. Dieses natürliche Eßverhalten sollte respektiert werden.

Einzeln verwendbare Heilkräuter: Anis, Fenchel, Hagebutte, Hibiscus, Himbeere, Johanniskraut, Kamille, Kümmel, Löwenzahn, Zitronenmelisse, Pfefferminze, Schafgarbe.

Heiltees (Aufguß)

Heiltee nach einer Erkrankung

Schafgarbenkraut 25 g
Fenchelfrüchte 25 g
Kamillenblüten 20 g
Hagebutten 15 g
Kümmelfrüchte 10 g
Süßholzwurzel 5 g

Tee bei psychischen Ursachen

Hibiscusblüten 50 g
Johanniskraut 30 g
Orangenschalen 20 g

Tee bei Magen- und Leberschwäche

Löwenzahnwurzel mit -kraut 40 g
Pfefferminzblätter 25 g
Kamillenblüten 20 g
Anisfrüchte 15 g

☆ *Empfehlenswerte Obstsäfte als Zusatz: Himbeer-, Holunderbeer-, Johannisbeer- und Pflaumensaft.*

Vollbad

Schafgarbenkraut *(stärkend und kräftigend)*
Zitronenmelissenblätter *(ausgleichend)*

Warmer Bauchwickel oder Auflage auf den Magen

(ausgleichend, anregend)
Pfefferminzblätter

Bauchschmerzen

Beobachten Sie Ihr Kind! In erster Linie muß die Ursache für dieses Symptom gefunden werden. Schwere Erkrankungen müssen unbedingt ausgeschlossen werden! Heiltees können helfen, wenn der Grund für die Beschwerden bekannt ist, z. B. bei Verdauungsbeschwerden (Blähungen, Verstopfung etc.) auch durch falsche Eßgewohnheiten oder Nahrungsmittelunverträglichkeiten, bei psychischen Belastungen und Harnwegsinfektionen.

Einzeln verwendbare Heilkräuter: Anis, Fenchel, Hopfen, Johanniskraut, Kamille, Kümmel, Zitronenmelisse, Pfefferminze, Rotbusch, Schafgarbe, Süßholz.

Heiltees (Aufguß)

Tee bei Verdauungsbeschwerden von Babys und Kleinkindern

Fenchelfrüchte 25 g
Kamillenblüten 20 g
Kümmelfrüchte 20 g
Süßholzwurzel 20 g
Anisfrüchte 15 g

oder

Rotbuschblätter 80 g
Pfefferminzblätter 20 g

Tee bei Bauchschmerzen durch psychische Belastungen

Kamillenblüten 40 g
Melissenblätter 30 g
Johanniskraut 20 g
Süßholzwurzel 10 g

Allgemein krampflösender und schmerzlindernder Tee

Kamillenblüten 30 g
Melissenblätter 30 g
Hopfenzapfen 20 g
Schafgarbenkraut 20 g

☆ *Die Heiltees nicht mit Obstsäften mischen!*

Warmer Bauchwickel oder Auflage auf den Magen

Fenchelfrüchte
Pfefferminzblätter

Vollbad

(entspannend, beruhigend)
Melissenblätter

Bettnässen

Verwenden Sie eine Plastikunterlage für das Bett, und setzen Sie Ihr Kind vor dem Schlafengehen auf die Toilette. Loben Sie es, wenn es kann, und auch, wenn es nachts trocken geblieben ist.

Schimpfen Sie keinesfalls! Versuchen Sie, das Selbstvertrauen Ihres Kindes zu stärken und die Ursache für das Bettnässen zu finden. Meist liegt es im seelischen Bereich, z.B. ausgelöst durch ein kleines Geschwisterchen oder die Scheidung der Eltern. Das abendliche Trinkverbot ist keine Hilfe, Zuwendung und Liebe schon!

Einzeln verwendbare Heilkräuter: Johanniskraut, Königskerze, Zitronenmelisse, Schachtelhalm, Schafgarbe, Spitzwegerich, Orangenblüten, Apfelschalen.

Heiltees (Aufguß)

Nervenstärkender, gewebekräftigender Tee

Johanniskraut 50 g
Schachtelhalmkraut 30 g
Orangenblüten 20 g

Ausgleichender, nervenstärkender Tee

Zitronenmelissenblätter 50 g
Apfelschalen 50 g

Ausgleichender, kräftigender Tee

Zitronenmelissenblätter 40 g
Orangenblüten 30 g
Stiefmütterchenkraut 30 g

Stimmungsaufhellender, kräftigender Tee

Johanniskraut 40 g
Schafgarbenkraut 40 g
Königskerzenblüten 20 g
1 Vanilleschote (kleingeschnitten)

☆ *Es soll kein Obstsaft zu den Heiltees gemischt werden!*

Vollbad

(kräftigend, ausgleichend)

Schafgarbenkraut
Königskerzenblüten
Johanniskraut
Zitronenmelissenblätter
oder Schachtelhalmkraut

Bindehautentzündung

Meist tritt die Entzündung der Augenbindehaut in Verbindung mit einer Infektionskrankheit (Viren und Bakterien) oder Allergie auf.

Einzeln verwendbare Heilkräuter: Augentrost, Kamille, Fenchel.

Heiltees

Tee bei Infektanfälligkeit, zur Stärkung der Augen

Augentrostkraut 30 g
Fenchelfrüchte 40 g
Kamillenblüten 30 g

☆ *Empfehlenswerte Obstsäfte als Zusatz: Heidelbeere, Johannisbeere.*

Augenspülung, Auflage

(reinigend, entzündungshemmend, augenstärkend)

Fenchelfrüchte 40 g
Augentrostkraut 30 g

In den Teeaufguß wird vor der Anwendung eine Prise Salz gestreut.

Blähungen

Die Ernährung und Ernährungsgewohnheiten überprüfen! Die Ernährung auf Vollwertkost umstellen. Unbedingt zuckerhaltige Speisen und Weißmehlprodukte vom »Speiseplan« streichen. Auch eine Darminfektion (Pilze und Bakterien) oder Nahrungsmittelunverträglichkeiten können Blähungen verursachen. Säuglinge müssen sich erst an den Verdauungsvorgang gewöhnen!

Einzeln verwendbare Heilkräuter: Anis, Fenchel, Kamille, Pfefferminze, Kümmel, Löwenzahn, Zitronenmelisse, Süßholz.

Heiltees (Aufguß)

Krampflösender, beruhigender Tee

Fenchelfrüchte 40 g
Kamillenblüten 40 g
Anisfrüchte 20 g

Verdauungsfördernder, blähungstreibender Tee, wirkt gegen Pilze und Bakterien

Pfefferminzblätter 50 g
Kümmelfrüchte 50g
Dieser Tee ist nicht für Säuglinge geeignet!

Verdauungsfördernder, krampflösender und entblähender Tee

Löwenzahnwurzel mit -kraut 50 g
Zitronenmelissenblätter 40 g
Süßholzwurzel 10 g

Beruhigender, entblähender und antibakterieller Tee

Pfefferminzblätter 25 g
Zitronenmelissenblätter 25 g

Kümmelfrüchte 25 g
Kamillenblüten 25 g

☆ *Die Heiltees nicht mit Obstsäften mischen!*

Auflage, Wickel

(beruhigend, entblähend)
☞ Anisfrüchte
Kamillenblüten
Fenchelfrüchte

Vollbad

(ausgleichend, entspannend)
Zitronenmelissenblätter

Blutarmut

Der Mangel an Eisen in der Nahrung ist bei Kindern die häufigste Ursache für eine Blutarmut. Besonders in Wachstums- und Erholungsphasen braucht der Körper dieses essentielle Spurenelement. Es kann über die Nahrung (z.B. Rote Rüben) leichter aufgenommen werden als das künstliche Eisen in Medikamentenform. Bestimmte Heilpflanzen unterstützen die Blutbildung und die Aufnahme von Eisen, wodurch die Symptome Müdigkeit, Konzentrationsstörungen und eine blasse Hautfarbe auf natürliche Art und Weise verschwinden.

Einzeln verwendbare Heilkräuter: Brennessel, Hagebutte, Johanniskraut, Löwenzahn, Rotbusch, Schachtelhalm, Schafgarbe, Thymian.

Heiltees (Aufguß)

Blutbildender Tee

Hagebutten 30 g
Brennesselblätter 30 g
Schafgarbenkraut 20 g
Verveine 20 g

Kräftigender, blutbildender Tee

Johanniskraut 30 g
Schachtelhalmkraut 30 g
Heidelbeeren 20 g
Holunderbeeren 20 g

Reinigender, blutbildender Tee

Hagebutten 30 g
Rotbuschblätter 30 g
Thymiankraut 25 g
Löwenzahnwurzel mit -kraut 15 g

☆ *Die Wirkung der Heiltees kann durch die Zugabe von Honig verstärkt werden.*
☆ *Empfehlenswerte Obstsäfte als Zusatz: Heidelbeer-, Himbeer-, Holunderbeer-, Johannisbeer- und Traubensaft.*

Darmpilzinfektion

Das Immunsystem stärken und zusätzlich eine strenge Diät über mindestens 4 Wochen! In dieser Zeit sind alle zuckerhaltigen und kohlenhydratreichen Speisen verboten, u. a. süßes Obst, Marmelade, Honig, Ketchup, Gebäck und Nudeln.

Bei Kindern ist die Behandlung schwierig, deshalb lassen Sie sich besser von einem Heilpraktiker beraten, welche Therapiemöglichkeiten sich noch bieten.

Einzeln verwendbare Heilkräuter: Fenchel, Himbeere, Kamille, Königskerze, Kümmel, Löwenzahn, Pfefferminze, Ringelblume, Rotbusch, Thymian.

Heiltees (Aufguß)

Teemischung gegen Pilze und Bakterien, blähungstreibend, verdauungsfördernd

Kümmelfrüchte und Pfefferminzblätter zu gleichen Teilen mischen.
Dieser Heiltee ist nicht für Säuglinge geeignet!

Antimikrobiell wirkender, reinigender Tee

Rotbuschblätter 70 g
Thymiankraut 30 g

Darmflora normalisierender, antimikrobiell wirkender und entzündungshemmender Tee

Kamillenblüten, Kümmelfrüchte und Thymiankraut (Fenchelfrüchte) zu gleichen Teilen mischen.

Darmschleimhaut beruhigender Tee, entgiftend, antimikrobiell

Himbeerblätter 45 g
Königskerzenblüten 20 g
Löwenzahnwurzel mit -kraut 15 g
Ringelblumenblüten 15 g
Gewürznelken 5 g

☆ *Die Heiltees nicht mit Obstsäften mischen!*

Einlauf

(reinigend)

Kümmelfrüchte
Kamillenblüten
Königskerzenblüten
Eibischwurzel

Durchfall

Durchfall stellt eine Abwehrreaktion des Organismus dar. Indem sich der Körper reinigt, versucht er, sein Gleichgewicht wiederzufinden und Abwehrkräfte zu mobilisieren. Deshalb den Durchfall nie unterdrücken, sondern den Körper bei diesem Prozeß unterstützen. Unbedingt den Flüssigkeitsverlust ausgleichen! Übrigens: Ein voll gestillter Säugling hat flüssige »Muttermilchstühle«. Sie werden zum Teil spritzend entleert und sind nicht krankhaft!

Einzeln verwendbare Heilkräuter: Brombeere, getrocknete Heidelbeeren, Himbeere, Johanniskraut, Kamille, Kümmel, Ringelblume, Schafgarbe, Stiefmütterchen, Thymian, Zitronenmelisse.

Heiltees (Aufguß)

Entzündungshemmender, antimikrobiell wirkender Tee

Kamillenblüten 30 g
Brombeerblätter 25 g
Zitronenmelissenblätter 25 g
Ringelblumenblüten 20 g

oder

Himbeerblätter 20 g
Heidelbeeren, getrocknet 20 g

Kamillenblüten 20 g
Thymiankraut 20 g
Ringelblumenblüten 20 g

Abwehrsteigernder, die Darmflora normalisierender Tee
Lindenblüten 30 g
Kamillenblüten 25 g
Schafgarbenkraut 25 g
Kümmelfrüchte 20 g

Tee bei Zahnungsdurchfällen
Kamillenblüten 50 g
Heidelbeeren, getrocknet 30 g

Tee bei nervös bedingtem Durchfall
Johanniskraut und Zitronenmelissenblätter zu gleichen Teilen mischen. Für den Aufguß die doppelte Dosierung wählen, daß heißt zwei Teelöffel der Mischung für 250 ml Wasser.

☆ *Empfehlenswerter Obstsaft als Zusatz (nur teelöffelweise!): Heidelbeer- und schwarzer Johannisbeersaft.*

Einlauf

(wirkt zusätzlich einer inneren Austrocknung entgegen)
Kamillenblütenaufguß mit einer Prise Salz.

Warme Auflage oder Bauchwickel

(bei Bauchschmerzen und Krämpfen)
Kamillenblüten
Zitronenmelissenblätter
Kümmelfrüchte

Ekzem

Eine vererbte Veranlagung zu Ekzemen spielt eine Rolle, kann aber durch eine gezielte Konstitutionstherapie eines Naturheiltherapeuten ausgeglichen werden. Ein Mangel an Mineralstoffen sowie eine gestörte Funktion der Leber und Nieren sind meist die Grundursachen für ein Ekzem. Beim gestillten Säugling können Medikamente bzw. die Ernährung der Mutter abnorme Überempfindlichkeiten auslösen und fördern. Vergessen Sie nie, daß Sie für sich und Ihr Kind essen!

Einzeln verwendbare Heilkräuter: Brennessel, Goldrute, Löwenzahn, Malve, Pfefferminze, Ringelblume, Rotbusch, Schachtelhalm, Schafgarbe, Stiefmütterchen.

Heiltees (Aufguß)

Blutreinigender, entzündungshemmender Tee (Mischung I)
Brennesselkraut 30 g
Pfefferminzblätter 25 g
Ringelblumenblüten 25 g
Löwenzahnwurzel mit -kraut 20 g

oder (Mischung II)
Stiefmütterchenkraut 40 g
Goldrutenkraut 35 g
Schafgarbenkraut 25 g

oder (Mischung III)
Stiefmütterchenkraut 50 g
Brennesselkraut 25 g
Schachtelhalmkraut 25 g

☆ *Weitere Heiltees unter »Blutreinigungstee«.*
☆ *Die reinigende Wirkung kann durch den Zusatz von Obstsäften verstärkt werden.*

Auflagen, Wickel, Waschungen, Teil- und Vollbäder

(entzündungshemmend)

Heiltee-Mischung III (S. 100)
Malvenblüten
Ringelblumenblüten
Rotbuschblätter
Stiefmütterchenkraut
Schachtelhalmkraut
Schafgarbenkraut

Anschließend sollte die Haut immer nachbehandelt werden. Beim trockenen Ekzem: mehrmals täglich Ringelblumensalbe. Beim nässenden Ekzem: Heilerdepuder im Wechsel mit Ringelblumensalbe.

Erkältung und grippaler Infekt

Die Erkältung und der grippale Infekt haben ein schwaches bzw. geschwächtes Abwehrsystem gemeinsam. Viren und Bakterien können deshalb leicht in den Organismus eindringen und sich ausbreiten. Die verschiedensten Symptome und toxische Schädigung des gesamten Körpers sind die Folge. Wichtig: Das Immunsystem mit natürlichen Mitteln stärken und nicht noch zusätzlich mit Antibiotika schädigen. Ein Virus kann ohnehin mit Antibiotika nicht abgetötet werden, und bakterielle Folgeerkrankungen sind auch mit Naturheilmitteln schnell wieder verschwunden. Vorteil: Der kindliche Organismus wird gestärkt und nicht geschwächt.

Einzeln verwendbare Heilkräuter: Augentrost, Eibisch, Hagebutte, Himbeere, Holunder, Kamille, Königskerze, Linde, Malve, Ringelblume, Schafgarbe, Spitzwegerich, Stiefmütterchen, Thymian, Weißdorn.

Heiltees (Aufguß)

Haustee zur Stärkung des Immunsystems

Himbeerblätter 30 g
Hagebutten 30 g
Augentrostkraut 25 g
Apfelschalen 20 g
Ringelblumenblüten 20 g

Tee bei beginnender Erkältung

Lindenblüten 40 g
Holunderblüten 30 g
Kamillenblüten 30 g

Erkältungs- und Grippetee

Thymian- und Stiefmütterchenkraut, Spitzwegerichblätter sowie Malvenblüten zu gleichen Teilen mischen.

Tee zur Entgiftung und Stärkung während und nach Infekten

Ringelblumenblüten 40 g
Schafgarbenkraut 30 g
Weißdornblätter mit -blüten 20 g

☆ *Die Wirkung der Heiltees kann durch die Zugabe von Honig verstärkt werden!*

☆ *Empfehlenswerte Obstsäfte als Zusatz: Apfel-, Birnen-, Trauben-, Holunder- und Johannisbeersaft.*

Vollbad und Waschung

(Stärkung der Widerstandskraft)

Kamillenblüten
Holunderblüten

Wickel (Hals, Leib, Waden) und Inhalation

(fiebersenkend, entzündungshemmend)

☞ Kamillenblüten
Thymiankraut

Einlauf

(fiebersenkend, reinigend)

Kamillenblüten
Eibischwurzel

Fieber

Fieber ist die natürliche und wirksame Reaktion des Körpers, eingedrungene Erreger zu bekämpfen und »unschädlich« zu machen. Unterstützen Sie diesen Heilungsprozeß mit natürlichen Mitteln. Hohes Fieber ist bei Kindern nicht ungewöhnlich, da der Abwehrmechanismus noch intensiver abläuft als beim Erwachsenen. Bis 40,5 °C soll Fieber selbst mit Wadenwickel nicht gesenkt werden. Wadenwickel immer beidseitig und nur dann anlegen, wenn die Füße warm sind!

Einzeln verwendbare Heilkräuter: Hagebutte, Hibiscus, Holunder, Kamille, Königskerze, Linde, Malve, Pfefferminze, Rotbusch, Weißdorn.

Heiltees (Aufguß)

Schweißtreibender, abwehrstärkender und fiebersenkender Tee

Lindenblüten 50 g
Holunderblüten 50 g

oder

Lindenblüten 40 g
Stiefmütterchenkraut 30 g
Königskerzenblüten 30 g

oder

Lindenblüten 30 g
Holunderblüten 20 g
Pfefferminzblätter 25 g
Kamillenblüten 25 g

☆ *Empfehlenswerte Obstsäfte als Zusatz: Apfel-, Himbeer-, Holunder-, Trauben- oder schwarzer Johannisbeersaft.*

Reinigender, erfrischender und belebender Tee, bei Neigung zu Fieberkrämpfen

Rotbuschblätter 60 g
Pfefferminzblätter 40 g
Empfehlenswerte Obstsäfte als Zusatz: Kirschsaft und schwarzer Johannisbeersaft.

Herzrhythmus regulierender und stabilisierender Tee, erhöht die Abwehrkräfte

Hagebutten 70 g
Weißdornblätter mit -blüten 30 g
Empfehlenswerte Obstsäfte als Zusatz: Apfel-, Trauben- oder schwarzer Johannisbeersaft.

Fußbad

(bei kalten Füßen, vor dem Anlegen von Wadenwickeln)
Kamillenblüten oder Königskerzenblüten

Körperwaschung

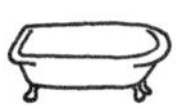

(kühlend und erfrischend, hautreinigend)
Pfefferminzblätter

Einlauf

(fiebersenkend)
Kamillenblüten

Harnwegsinfektion

Trinken, trinken und nochmals trinken! Nur so hat der Körper die Möglichkeit, sich von den Erregern zu befreien. Die Schleimhäute werden gereinigt, und die Entzündung klingt ab. Achten Sie zu jeder Jahreszeit darauf, daß Ihr Kind warme Füße hat und nicht friert.

Einzeln verwendbare Heilkräuter: Brennessel, Goldrute, Hagebutte, Holunder, Kamille, Löwenzahn, Malve, Pfefferminze, Ringelblume, Schachtelhalm, Schafgarbe, Stiefmütterchen, Süßholz.

Heiltees (Aufguß)

(Harntreibend und entzündungshemmend)

Brennesselkraut 30 g
Hagebutten 30 g
Schafgarbenkraut 30 g
Süßholzwurzel 10 g

oder

Goldrutenkraut 40 g
Holunderblüten 30 g
Malvenblüten 30 g

oder

Schachtelhalm 35 g
Hagebutten 35 g
Stiefmütterchenkraut 30 g

oder

Schachtelhalmkraut 50 g
Kamillenblüten 20 g
Pfefferminzblätter 20 g
Ringelblumenblüten 20 g
Löwenzahnwurzel mit -kraut 20 g
Süßholzwurzel 20 g

☆ *Empfehlenswerte Obstsäfte als Zusatz: Apfel-, Birnen-, Himbeer-, Johannisbeer- und Traubensaft. Jedes Obst enthält eine Menge Kalium, wodurch die Nieren zu verstärkter Ausscheidung angeregt werden.*

Vollbad, Sitzbad

(stoffwechselanregend, entzündungshemmend)

Brennesselblätter
Kamillenblüten
Schachtelhalmkraut oder Schafgarbenkraut

☆ *Warme Wickel mit den oben genannten Heilpflanzentees beschleunigen die Ausscheidung der Krankheitskeime und fördern die Heilung des entzündeten Gewebes.*

Wechselfußbad

(zur Abhärtung und Erhöhung der Widerstandskraft)

Brennesselblätter oder Pfefferminzblätter

Zuerst die Füße fünf Minuten in warmes, dann zehn Sekunden in kaltes Wasser (jeweils mit dem Zusatz von Heiltee) tauchen. Mehrmals wiederholen.

Husten

Sorgen Sie dafür, daß Ihr Kind viel trinkt. Dadurch bleibt der Schleim flüssig und kann leichter abgehustet werden. Bäder, Halswickel und Inhalationen befeuchten die eingeatmete Luft und lindern den Hustenreiz.

Einzeln verwendbare Heilkräuter: Anis, Brombeere, Eibisch, Fenchel, Königskerze, Linde, Malve, Spitzwegerich, Süßholz, Thymian.

Heiltees (Aufguß)

Reizlindernd, entzündungshemmend, antimikrobiell und schleimlösend wirkender Tee

Lindenblüten 35 g
Malvenblüten 30 g
Fenchelfrüchte 20 g
Süßholzwurzel 15 g

oder

Eibischwurzel 30 g
Königkerzenblüten 30 g
Anisfrüchte 30 g
Süßholzwurzel 10 g

oder

Thymiankraut 20 g
Eibischwurzel 20 g
Fenchelfrüchte 20 g
Spitzwegerichkraut 20 g
Süßholzwurzel 20 g

oder

Malvenblüten 40 g
Brombeerblätter 30 g
Thymiankraut 30 g

Heiltee bei krampfartigem Husten

Thymiankraut 40 g
Anisfrüchte 30 g
Spitzwegerichblätter 30 g

☆ *Die Wirkung der Heiltees kann durch die Zugabe von Honig verstärkt werden.*
☆ *Empfehlenswerte Obstsäfte als Zusatz: Apfel-, Birnen-, Heidelbeer-, Holunderbeer-, Johannisbeer- und Traubensaft.*

Hals- und Brustwickel

(entzündungshemmend, reizlindernd)

☞ Thymiankraut
Lindenblüten

Juckreiz am After

Der Juckreiz kann durch ein Ekzem, aber auch durch Würmer oder Darmpilze hervorgerufen werden. Eine entsprechende

Stuhluntersuchung ist nötig, denn nur so kann die Ursache der Erkrankung herausgefunden und behandelt werden. Besonders wichtig: Nach jedem Stuhlgang den After mit lauwarmem Wasser abwaschen und gut abtrocknen!

Sitzbad

(entzündungshemmend, juckreizlindernd)

Kamillenblüten
Königskerzenblüten
Eichenrinde

Einlauf

(entzündungshemmend, juckreizlindernd)

Kamillenblüten
Eibischwurzeln

Keuchhusten

Beim Keuchhusten handelt es sich um eine akute bakterielle Infektionskrankheit, die im Säuglingsalter gefährliche Komplikationen verursachen kann. Die Behandlung gehört deshalb in die Hand eines Spezialisten. Heiltees können jedoch die Behandlung unterstützen, indem sie die krampfartigen Hustenanfälle mindern und dafür sorgen, daß der zähe, glasige Schleim abgehustet werden kann und sich nicht festsetzt. Auch die Abwehrlage wird verbessert, so daß sich das Allgemeinbild positiv verändert. Übrigens: Die Gabe von Antibiotika trägt nicht zur Verbesserung des Gesundheitszustandes bei, es verkürzt lediglich die Zeit der Ansteckungsfähigkeit!

Einzeln verwendbare Heilkräuter: Anis, Eibisch, Fenchel, Goldrute, Hagebutte, Holunder, Kamille, Königskerze, Malve, Spitzwegerich, Thymian.

Heiltees (Aufguß)

Tee mit reizlindernder, schleimlösender, auswurffördernder und abwehrsteigernder Wirkung

Eibischwurzel 30 g
Malvenblüten 30 g
Holunderblüten 20 g
Hagebutten 20 g

Tee mit reizlindernder, schleimlösender, auswurffördernder und antibakterieller Wirkung

Spitzwegerichblätter und Thymiankraut zu gleichen Teilen mischen.

Hustenstillender, schleim- und krampflösender Tee

Königskerzenblüten 35 g
Goldrutenkraut 25 g
Anisfrüchte 15 g

Schleimlösend, krampflösend und antibakteriell wirkender Tee

Thymiankraut 40 g
Königskerzenblüten 30 g
Malvenblüten 20 g
Anisfrüchte 10 g

☆ *Die Wirkung der Heiltees kann durch ein bis zwei Teelöffel Honig pro Tasse oder Flasche verstärkt werden.*
☆ *Empfehlenswerte Obstsäfte als Zusatz: Apfel-, Birnen- und schwarzer Johannisbeersaft.*

Inhalation

(antibakteriell, reizlindernd)

Holunderblüten
Kamillenblüten
Thymiankraut

Brustwickel

(beruhigend, hustenstillend)

☞ Thymiankraut

Vollbad

(beruhigend, krampflösend)

Thymiankraut
Kamillenblüten

Kinderkrankheiten

Unbedingt die Abwehrkräfte stärken und für die nötige Ruhe und Erholung sorgen! Zwingen Sie Ihr Kind nicht zum Essen - Trinken ist wichtiger. Wenn Ihr Kind Appetit hat, leichte Mahlzeiten anbieten. Um Komplikationen zu vermeiden, die Kinderkrankheiten intensivst behandeln – nicht mit Antibiotika, sondern mit allen Ihnen zur Verfügung stehenden Hausmitteln. Ein in Naturheilkunde erfahrener Therapeut steht Ihnen sicher gern zur Seite.

Masern

Einzeln verwendbare Heilkräuter: Goldrute, Hagebutte, Holunder, Kamille, Linde, Schafgarbe, Thymian.

Heiltees (Aufguß)

Abwehrsteigernder, stoffwechselanregender und harntreibender Tee

Goldrutenkraut 30 g
Thymiankraut 30 g
Hagebutten 25 g
Schafgarbenkraut 15 g

Tee, der die Ausbreitung von Infektionserregern und deren Giftstoffen hemmt, abwehrstärkend, schweißtreibend

Lindenblüten 35 g
Holunderblüten 35 g
Kamillenblüten 30 g

Windpocken

Einzeln verwendbare Heilkräuter: Eiche, Hagebutte, Holunder, Johanniskraut, Kamille, Zitronenmelisse, Ringelblume, Rotbusch, Schafgarbe, Stiefmütterchen.

Heiltees (Aufguß)

Ausgleichender, abwehrstärkender und kräftigender Tee

Zitronenmelissenblätter 35 g
Hagebutten 30 g
Holunderblüten 20 g
Schafgarbenkraut 15 g

Beruhigender, entzündungshemmender und reinigender Tee

Kamillenblüten 35 g
Johanniskraut 30 g
Stiefmütterchenkraut 20 g
Ringelblumenblüten 15 g

- *Bis zum Abfallen der Krusten nicht baden! Wenn nötig, die bläschenfreien Stellen mit Eichenrindenabsud, Stiefmütterchen- oder Rotbuschtee abwaschen. Die Windpocken dürfen dabei nicht feucht werden, denn sie sollen austrocknen.*
- *Vermeiden Sie, daß Ihr Kind schwitzt. Der Schweiß verschlimmert den Juckreiz und verhindert das Abtrocknen der Bläschen.*

Mumps

Einzeln verwendbare Heilkräuter: Hagebutte, Himbeere, Holunder, Kamille, Linde, Pfefferminze, Spitzwegerich, Stiefmütterchen, Süßholz, Thymian.

Heiltees (Aufguß)

Abwehrsteigernder, entzündungshemmender und blutreinigender Tee

Hagebutten 40 g
Himbeerblätter 35 g
Pfefferminzblätter 25 g

Ausbreitung von Infektionserregern und deren Giftstoffen hemmender, abwehrstärkender und schweißtreibender Tee

Lindenblüten 35 g
Holunderblüten 35 g
Kamillenblüten 30 g

Entzündungs- und ödemhemmender, schmerzstillender, kräftigender Tee

Spitzwegerichblätter 40 g
Stiefmütterchenkraut 25 g
Thymiankraut 25 g
Süßholzwurzel 10 g

Scharlach

Einzeln verwendbare Heilkräuter: Augentrost, Brennessel, Hagebutte, Holunder, Kamille, Linde, Malve, Schachtelhalm, Spitzwegerich, Stiefmütterchen, Thymian.

Heiltees (Aufguß)

Abwehrstärkender Tee

Hagebutte 40 g
Augentrostkraut 30 g
Schachtelhalmkraut 30 g

Ausbreitung von Infektionserregern und deren Giftstoffen hemmender, abwehrstärkender und schweißtreibender Tee

Lindenblüten 35 g
Holunderblüten 35 g
Kamillenblüten 30 g

»Antischarlachtee«, in der Phase 1 und 2: Fieber mit anschließendem Hautausschlag

Brennesselkraut 50 g
Malvenblüten 25 g
Stiefmütterchenkraut 25 g

Tee bei Entzündung und Schwellung der Rachenschleimhaut bzw. Lymphdrüsen

Spitzwegerichblätter 50 g
Thymiankraut 25 g
Brennesselkraut 25

Röteln

Einzeln verwendbare Heilkräuter: Hagebutte, Holunder, Linde, Kamille, Stiefmütterchen, Weißdorn.

Heiltees (Aufguß)

Abwehrsteigernder Tee, entgiftet und stärkt während und nach Infektionskrankheiten

Hagebutten 40 g
Kamillenblüten 25 g
Stiefmütterchenkraut 20 g
Weißdornblätter mit -blüten 15 g

Schweißtreibender, abwehrsteigernder Tee
Linden- und Holunderblüten zu gleichen Teilen mischen.

☆ *Die Wirkung der Heiltees kann durch die Zugabe von Honig verstärkt werden.*

☆ *Obstsäfte gleichen den erhöhten Bedarf an Flüssigkeit bei Infektionskrankheiten aus und enthalten zusätzlich Vitamine und Mineralstoffe in konzentrierter, leicht verdaulicher Form. Besonders empfehlenswerte Obstsäfte als Zusatz: Himbeer-, Johannisbeer-, Pflaumen- und Traubensaft.*

Einlauf

(reinigend, fiebersenkend)

Kamillenblüten
Eibischwurzeln

☆ *Während einer Kinderkrankheit sollte auf das Baden verzichtet werden!*

Ganzkörperwaschung

(abwehrstärkend, hautreinigend, stoffwechselanregend)

Pfefferminzblätter
Rotbuschblätter

Fußbad

(kräftigend, fiebersenkend)

Lindenblüten
Kamillenblüten

Halswickel

(entzündungshemmend, schmerzlindernd)

Thymiankraut
Kamillenblüten

Wadenwickel *(fiebersenkend, kräftigend)* /
Rumpfwickel *(stark fiebersenkend, kräftigend)*

Thymiankraut
Zitronenmelissenblätter
Stiefmütterchenkraut

Konzentrationsstörungen

Konzentrationsstörungen sind keine Krankheit, sondern häufig ein Zeichen dafür, daß die geistige Entwicklung nicht mit der schnellen körperlichen Entwicklung Schritt hält. Auch die Leistungserwartungen von Eltern und Schule können zu einem Druck führen, der sich als Angst und Gedächtnisschwäche äußert. Nehmen Sie sich viel Zeit für Ihr Kind! Gemeinsame Geduldsspiele und Unternehmungen wirken ausgleichend und fördern die Konzentrationsfähigkeit. Auch eine gesunde, ausgewogene Ernährung ist wichtig! Cola, Schwarztee und Kaffee sollten für Ihr Kind tabu sein!

Einzeln verwendbare Heilkräuter: Baldrian, Brennessel, Hagebutte, Himbeere, Johanniskraut, Malve, Orangenblüten, Pfefferminze, Rotbusch, Zitronenmelisse.

Heiltees (Aufguß)

»Konzentrationstee«, nervenstärkend, regt die Hirnleistung an

Brennesselblätter 40 g
Zitronenmelissenblätter 35 g
Baldrianwurzel 15 g
Pfefferminzblätter 10 g

oder

Brennesselkraut 35 g
Johanniskraut 25 g
Himbeerblätter 20 g
Hagebutten 15 g
Baldrianwurzel 5 g

Ausgleichender Tee

Zitronenmelissenblätter 35 g
Orangenblüten 25 g
Malvenblüten 20 g
Rotbuschblätter 20 g

☆ *Empfehlenswerte Obstsäfte als Zusatz: Birnen- und Traubensaft.*

Ganzkörperwaschung

(anregend, erfrischend)

Zitronenmelissenblätter
Pfefferminzblätter

Kopfschmerzen

Kopfschmerzen sind Symptom einer körperlichen bzw. seelischen Störung und müssen, treten sie regelmäßig auf, unbedingt abgeklärt werden. In Verbindung mit der Schule sind sie häufig ein Zeichen für Überforderung und Angst. Sie können aber auch auf eine bestehende Kurzsichtigkeit hindeuten oder durch Infektionskrankheiten ausgelöst werden. In jedem Fall sollten Sie Ihrem Kind keine Kopfschmerztabletten verabreichen! Die Schmerzmittel schädigen den kindlichen Organismus, helfen nur kurzzeitig und verschleiern die Grundursache. Heiltees dagegen sind unschädlich und lindern die Schmerzen ursächlich bzw. bis zur Klärung der Ursache durch einen Naturheiltherapeuten. Auch Kopfschmerzen, die durch einen Flüssigkeitsmangel entstanden, werden durch die Heiltees automatisch behoben.

Einzeln verwendbare Heilkräuter: Anis, Baldrian, Fenchel, Johanniskraut, Kamille, Kümmel, Lavendel, Linde, Löwenzahn, Zitronenmelisse, Pfefferminze, Schafgarbe, Stiefmütterchen, Thymian.

Heiltees (Aufguß)

Tee bei Kopfschmerzen durch Verdauungsstörungen

Anisfrüchte 35 g
Fenchelfrüchte 35 g
Kümmelfrüchte 30 g

oder

Johanniskraut 50 g
Löwenzahnwurzel und -kraut 30 g
Pfefferminzblätter 20 g

Tee bei nervös bedingten Kopfschmerzen

Kamillenblüten 45 g
Pfefferminzblätter 30 g
Baldrianwurzel 25 g

Tee bei Kopfschmerzen durch Infektionskrankheiten

Lindenblüten 45 g
Zitronenmelissenblätter 30 g
Stiefmütterchenkraut 25 g

oder

Schafgarbenkraut 35 g
Thymiankraut 35 g
Johanniskraut 30 g

☆ *Die Heiltees können durch die Zugabe von Honig in ihrer Wirkung verstärkt werden.*
☆ *Empfehlenswerter Obstsaft als Zusatz: Holunderbeersaft.*

Einlauf

(bei Verstopfung und Verdauungsstörungen)

Kümmelfrüchte
Eibischwurzel
Kamillenblüten
Königskerzenblüten

Auflage

☞ *(schmerzstillend, kühlend)*
Pfefferminzblätter

Waschung

(abwehrstärkend, ausgleichend)

Lindenblüten
Thymiankraut

Fußbad

(schmerzstillend, kräftigend)

Schafgarbenkraut
Thymiankraut
Stiefmütterchenkraut

Vollbad

(entspannend, schmerzstillend)

Lavendelblüten
Zitronenmelissenblätter
Lindenblüten

Kreislaufstörungen

Im Kindesalter kommen Kreislaufstörungen meist in Verbindung mit Infektionskrankheiten und starken psychischen Belastungen sowie in Wachstumsphasen vor.

Verschiedene Heiltees können den Kreislauf stabilisieren, grundsätzlich muß, wie bei allen Beschwerden, jedoch ursächlich behandelt werden.

Einzeln verwendbare Heilkräuter: Baldrian, Holunder, Johanniskraut, Zitronenmelisse, Pfefferminze, Schafgarbe, Weißdorn.

Heiltees (Aufguß)

Ausgleichend wirkender Tee, bei psychosomatisch bedingter Störung

Johanniskraut 50 g
Baldrianwurzel 25 g
Orangenschalen 25 g

Kreislaufstabilisierender Tee bei Infektionskrankheiten

Pfefferminzblätter 40 g
Holunderblüten 35 g
Weißdornblätter mit -blüten 25 g

Ausgleichender und kräftigender Tee

Zitronenmelissenblätter 50 g
Schafgarbenkraut 50 g
eine zerkleinerte Stange Zimtrinde

☆ *Die Wirkung der Heiltees kann durch die Zugabe von Honig verstärkt werden.*

☆ *Alle Obstsäfte wirken sich positiv auf die Stoffwechselfunktionen des Körpers aus. Zur Normalisierung des Kreislaufs ist besonders Traubensaft zu empfehlen.*

Ganzkörperwaschung

(kreislaufanregend)

Holunderblüten
Zitronenmelissenblätter
Pfefferminzblätter

Wechselfußbad

(kreislaufanregend, kräftigend)

Zitronenmelissenblätter
Schafgarbenkraut
Weißdornblätter mit -blüten

Zuerst die Füße fünf Minuten in warmes, dann zehn Sekunden in kaltes Wasser (jeweils mit dem Zusatz von Heiltee) tauchen. Mehrmals wiederholen.

Magenbeschwerden

Magenbeschwerden können viele Ursachen haben. Auch unbewußte Ängste zeigen sich häufig als Druck auf den Magen. Achten Sie auf die Essens- und Ernährungsgewohnheiten Ihres Kindes. Mit »süßen Sachen« in Form von Limonaden, Gummibären etc. kann sich auch ein Erwachsener leicht den Magen verderben.

Einzeln verwendbare Heilkräuter: Anis, Eibisch, Fenchel, Kamille, Löwenzahn, Malve, Melisse, Pfefferminze, Rotbusch, Schafgarbe, Süßholz, Thymian.

Heiltees (Aufguß)

Allgemeiner »Magentee«

Kamillenblüten 20 g
Melissenblätter 20 g
Pfefferminzblätter 20 g
Süßholzwurzel 20 g
Schafgarbenkraut 20 g

Tee zur Stärkung der Verdauungsorgane

Fenchelfrüchte 25 g
Anisfrüchte 20 g
Kamillenblüten 20 g
Löwenzahnwurzel mit -kraut 20 g
Süßholzwurzel 15 g

oder

Thymiankraut 35 g
Zitronenmelissenblätter 25 g
Kümmelfrüchte 20 g
Pfefferminzblätter 20 g

Tee bei nervös bedingten Magenbeschwerden

Rotbusch- und Zitronenmelissenblätter zu gleichen Teilen mischen.

Tee bei Magenbeschwerden mit Übelkeit

Rotbuschblätter 60 g
Pfefferminzblätter 30 g
Orangenschalen 10 g

Tee, der die entzündete Magenschleimhaut schützt

Eibischwurzel (Kaltauszug) oder Malvenblüten (Aufguß)

☆ *Verwenden Sie keine Obstsäfte als Zusatz!*

Warmer Bauchwickel oder Auflage

Anisfrüchte
Zitronenmelissenblätter

Vollbad

(entspannend, krampflösend)

Anisfrüchte
Kamillenblüten
Zitronenmelissenblätter

Mandelentzündung

Zu einer Mandelentzündung kommt es meist in Verbindung mit einer Infektionskrankheit, wie Grippe, Scharlach u. a. Die Entzündung ist zwar oft sehr schmerzhaft, aber selten gefährlich. Antibiotika sind deshalb häufig unnötig, denn sie verschlechtern die gesamte Abwehrsituation des Organismus. Natürliche Heilmethoden dagegen unterstützen die Selbstheilungskräfte des Körpers und stärken ihn.

Einzeln verwendbare Heilkräuter: Brennessel, Brombeere, Eibisch, Eiche, Fenchel, Hagebutte, Himbeere, Kamille, Königskerze, Linde, Malve, Schafgarbe, Spitzwegerich, Süßholz, Thymian.

Heiltees (Aufguß)

Entzündungshemmend, schleimlösend, antibakteriell wirkender Tee

Brennesselkraut 30 g
Königskerzenblüten 30 g
Fenchelfrüchte 20 g
Thymiankraut 20 g

Entzündungshemmend, reizlindernd, antibakteriell wirkender Tee

Brombeer- oder Himbeerblätter 35 g
Eibischwurzel 25 g

Spitzwegerichblätter 20 g
Süßholzwurzel 20 g

oder

Kamillenblüten 40 g
Königskerzenblüten 40 g
Süßholzwurzel 20 g

Abwehrsteigernd, entzündungshemmend und antibakteriell wirkender Tee

Hagebutten 20 g
Malvenblüten 20 g
Kamillenblüten 20 g
Lindenblüten 20 g
Süßholzwurzel 20 g

- ☆ *Die Wirkung der Heiltees kann durch die Zugabe von Honig verstärkt werden.*
- ☆ *Empfehlenswerte Obstsäfte als Zusatz: Birnen-, Heidelbeer- und Johannisbeersaft.*

Mein Tip: »*Tee-Eis*«. In die Heiltees Honig oder Heidelbeersaft einrühren, in Eisförmchen füllen und im Gefrierfach Ihres Kühlschrankes einfrieren. Bei stark entzündeten Mandeln lassen Sie Ihr Kind langsam von diesem Eis lecken. Durch das Tee-Eis kommt es zum Abschwellen der Mandeln, und starke Halsschmerzen werden für einige Zeit gelindert.

Spülen und Gurgeln

(entzündungshemmend, schmerzlindernd, antibakteriell)

Eine der ersten drei Heiltee-Mischungen (S.124/125)
Malvenblüten

Schafgarbenkraut
Himbeer- oder Brombeerblätter
Eichenrinde
Thymiankraut

Halswickel

(schmerzlindernd, entzündungshemmend)
Kamillenblüten
Thymiankraut

Fußbad

(abwehrstärkend)
Lindenblüten

Menstruationsbeschwerden

Sobald sich der hormonelle Rhythmus eingestellt hat, werden auch die Beschwerden nachlassen. Sehr hilfreich bei Schmerzen: Bettruhe und eine Wärmflasche.

Einzeln verwendbare Heilkräuter: Anis, Baldrian, Fenchel, Himbeere, Hopfen, Johanniskraut, Kümmel, Lavendel, Pfefferminze, Ringelblume, Schafgarbe, Thymian, Zitronenmelisse.

Heiltees (Aufguß)

Menstruationsfördernder Tee
Anisfrüchte 35 g
Kümmelfrüchte 35 g
Fenchelfrüchte 30 g

Schmerzlindernder, ausgleichender, menstruationsregulierender Tee

Johanniskraut 35 g
Himbeerblätter 30 g
Lavendelblüten 20 g
Ringelblumenblüten 15 g

Menstruationsregulierender Tee, bei Krämpfen

Schafgarbenkraut 30 g
Thymiankraut 30 g
Pfefferminzblätter 20 g
Hopfenzapfen 20 g

oder

Schafgarbenkraut 20 g
Baldrianwurzel 20 g
Zitronenmelissenblätter 20 g
Ringelblumenblüten 20 g
Pfefferminzblätter 20 g

☆ *Die Wirkung der Heiltees kann durch die Zugabe von Honig verstärkt werden.*

Warme Auflage auf den Bauch

(entspannend, schmerzlindernd, regulierend)
Mischung wie bei menstruationsförderndem Tee (siehe S. 126)

Sitzbad und Fußbad

(entspannend, schmerzlindernd, regulierend)
Heiltee Nr. 1
Lavendelblüten

Milchschorf

Dieses Ekzem wird durch eine angeborene oder erworbene Störung verursacht. Beim gestillten Säugling können die Ernährung bzw. Medikamente der Mutter die abnorme Überempfindlichkeit auslösen. Auch ein Mangel an Mineralstoffen, z. B. Kalzium, ist in Erwägung zu ziehen.

Einzeln verwendbare Heilkräuter: Brennessel, Kamille, Pfefferminze, Ringelblume, Rotbusch, Schachtelhalm, Stiefmütterchen.

Heiltees (Aufguß)

Entzündungshemmender, hautreinigender und stoffwechselanregender Tee

Stiefmütterchenkraut 40 g
Brennesselblätter 20 g
Kamillenblüten 20 g
Ringelblumenblüten 10 g
Pfefferminzblätter 10 g

oder

Schachtelhalmkraut 45 g
Stiefmütterchenkraut 30 g
Ringelblumenblüten 15 g
Pfefferminzblätter 10 g

Reinigender, juckreizstillender Tee

Rotbuschblätter 85 g
Pfefferminzblätter 15 g

☆ *Empfehlenswerte Obstsäfte als Zusatz: Himbeer-, Traubensaft.*

Waschung

(reinigend, schorflösend)

Heilteemischungen (siehe S. 128)
Stiefmütterchenkraut
Rotbuschblätter oder Schachtelhalmkraut

Mundsoor, -fäule

Durch eine Pilzinfektion (Candida albicans) kommt es zu einem weißen Belag in der Mundhöhle. Dieser kann nicht mit dem Finger entfernt werden. Die Candidainfektion betrifft auch das untere Verdauungssystem, so daß der Darm mitbehandelt werden muß. Nur so wird das Immunsystem gestärkt und die Erkrankung ursächlich behandelt.

Einzeln verwendbare Heilkräuter: Anis, Pfefferminze, Schafgarbe, Stiefmütterchen, Thymian.

Heiltees (Aufguß)

Entzündungshemmender, antimikrobiell wirkender Tee

Stiefmütterchenkraut 30 g
Anisfrüchte 20 g

oder

Stiefmütterchenkraut 45 g
Schafgarbenkraut 35 g
Pfefferminzblätter (oder Thymiankraut) 30 g

☆ *Weitere Heiltees siehe »Darmpilzinfektion« und »Abwehrschwäche«.*
☆ *Empfehlenswerte Obstsäfte als Zusatz: Heidelbeer-, Himbeer-, Johannisbeer- und Kirschsaft.*

Spülen und Gurgeln (bei Säuglingen Einpinseln)

Heilteemischungen siehe S. 129

Nervöse Unruhe

Ist die Mutter hektisch und überfordert, so ist auch das Kind nicht ausgeglichen! Auch beginnende Erkrankungen, Allergien oder ein Mangel an Zuwendung können dazu führen, daß Säuglinge ohne ersichtlichen Grund schreien und größere Kinder bewegungsaktiv (hyperaktiv), patzig und unkonzentriert sind. Handelt es sich um eine gelegentliche Störung, so kann auch ein Wetterwechsel das Gleichgewicht Ihres Kindes beeinträchtigen. Bei einem dauerhaften »Zappelphilipp« muß ein fachkundiger Naturheiltherapeut die Ursache für die Unruhe feststellen und behandeln.

Einzeln verwendbare Heilkräuter: Baldrian, Hopfen, Johanniskraut, Kamille, Lavendel, Melisse, Pfefferminze, Rotbusch, Weißdorn, Orangenblüten, Apfelschalen.

Heiltees (Aufguß)

Entspannender, ausgleichender Tee

Zitronenmelissenblätter 50 g
Weißdornblätter mit -blüten 25 g
Orangenblüten 25 g

oder

Zitronenmelissenblätter 50 g
Baldrianwurzel 25 g
Pfefferminzblätter 25 g

- ☆ *Die beruhigende Wirkung kann durch die Zugabe von Honig verstärkt werden.*
- ☆ *Weitere Heiltees siehe unter »Beruhigungstee«.*

Vollbad und Teilbad

(beruhigend, ausgleichend)

Baldrianwurzel
Hopfenzapfen
Lavendelblüten oder Zitronenmelissenblätter

- ☆ *Auch ein Leibwickel sowie eine Ganzkörperwaschung mit den oben genannten Heilkräutern vor dem Zubettgehen wirkt beruhigend und schlaffördernd.*

Neurodermitis

Diese Erkrankung bedarf einer komplexen Therapie eines Naturheiltherapeuten. Heiltees können die Behandlung unterstützen, indem sie das Immunsystem und den Stoffwechsel wieder ins Gleichgewicht bringen. Absolut verboten: Zucker! Denn dieser fördert das Wachstum von Darmpilzen, die das Immunsystem und den Stoffwechsel schädigen.

Einzeln verwendbare Heilkräuter: Brennessel, Johanniskraut, Ringelblume, Rotbusch, Schachtelhalm, Stiefmütterchen.

Heiltees (Aufguß)

Tee zur Regulation und Aktivierung des Immunsystems

Brennesselkraut 50 g
Johanniskraut 30 g
Ringelblumenblüten 20 g

Antiallergisch wirkender, reinigender und die Darmflora normalisierender Tee

Rotbuschblätter 70 g
Thymiankraut 30 g

Abwehrstärkender, hautreinigender und juckreizlindernder Tee

Schachtelhalmkraut 60 g
Stiefmütterchenkraut 40 g

☆ *Verwenden Sie keinen Obstsaft als Zusatz!*

☆ *Alle oben genannten Heilkräuter und Heiltees eignen sich auch zur äußerlichen Anwendung in Form von Bädern, Waschungen, Wickeln und Auflagen. Zur Nachbehandlung der entzündeten Haut empfehle ich eine Ringelblumensalbe aus der Apotheke.*

Ohrenschmerzen

Durch eine Verschleimung des Nasen- und Rachenraums wird das Mittelohr schlechter belüftet, und Bakterien können sich leichter ausbreiten. Deshalb ist es wichtig, dafür zu sorgen, daß die oberen Luftwege frei werden. Trockene Wärme in Form von warmen Heilkräutersäckchen, z.B. mit Kamillenblüten, lindern die Schmerzen.

Einzeln verwendbare Heilkräuter: Anis, Kamille, Lavendel, Pfefferminze, Schafgarbe, Spitzwegerich, Thymian.

Heiltees (Aufguß)

Entzündungshemmender, antibakterieller Tee

Kamillenblüten, Spitzwegerichkraut, Pfefferminzblätter und Schafgarbenkraut zu gleichen Teilen mischen.

Schleimlösender, entzündungshemmender Tee

Malvenblüten 60 g
Eibischwurzel 40 g

☆ *Empfehlenswerte Obstsäfte als Zusatz: Birnen-, Traubensaft.*

Inhalation

(schleimlösend, entzündungshemmend)

Thymiankraut
Kamillenblüten
Pfefferminzblätter
oder Lavendelblüten

Gurgeln

(schleimlösend, entzündungshemmend)
Heilteemischungen siehe oben

Einlauf

(reinigend, abwehrstärkend)

Kamillenblüten
Malvenblüten
Eibischwurzel

Polypen

Die Rachenmandeln (lymphatisches Gewebe) vergrößern sich aufgrund einer konstitutionellen Veranlagung und permanenten Abwehrbereitschaft. Eine Operation ändert nichts an dieser Ausgangslage und Voraussetzung für die Polypen. Der Beweis: Die Polypen wachsen meist nach der Operation wieder nach. Sinnvoller ist eine konstitutionelle Behandlung mit einer Regulation von Darm- und Lymphsystem durch einen Naturheiltherapeuten. Heiltees ergänzen die Therapie. Wichtig: Zögern Sie die Behandlung nicht zu lange hinaus!

Einzeln verwendbare Heilkräuter: Brennessel, Goldrute, Hagebutte, Linde, Löwenzahn, Malve, Schachtelhalm, Schafgarbe, Spitzwegerich, Thymian.

Heiltees (Aufguß)

»Lymphtee«, stoffwechselanregend, abwehrsteigernd

Brennesselkraut 40 g
Hagebutten 35 g
Löwenzahnwurzel mit -kraut 25 g

Tee bei »Verschleimung«

Spitzwegerichblätter und Thymiankraut zu gleichen Teilen mischen.

Gewebekräftigender, stoffwechselanregender, abwehrsteigernder Tee

Schachtelhalmkraut 40 g
Goldrutenkraut 30 g
Malvenblüten 30 g

Kräftigender, abwehrstärkender Tee

Lindenblüten 30 g
Schafgarbenkraut 30 g
Thymiankraut 25 g
Orangenschalen 15 g

☆ *Empfehlenswerte Obstsäfte als Zusatz: Birnen-, Johannisbeer- und Traubensaft.*

Mein Tip: Emser Sole Nasenspray (Apotheke) mit Schachtelhalmtee auffüllen und mehrmals täglich in beide Nasenlöcher sprühen. Schachtelhalmkraut und Sole (Salz) wirken austrocknend, wodurch die Schleimbildung zurückgeht und sich die Nasenatmung verbessert. Auch Nasenspülungen mit Schachtelhalmkraut und einer Prise Salz sind zu empfehlen, werden aber vom Kind nicht gerne durchgeführt. Die oben beschriebene Variante mit der Sprayflasche läßt sich auch beim verschnupften Säugling leicht und schnell anwenden.

Inhalation

(entzündungshemmend, schleimlösend)
Thymiankraut

Ganzkörperwaschung

(stoffwechselregulierend)
Schachtelhalmkraut

Wechselfußbad

(kräftigend)

Schafgarbenkraut
Zuerst die Füße 5 Minuten in warmes, dann 10 Sekunden in kaltes Wasser (jeweils mit dem Zusatz von Heiltee) tauchen. Mehrmals wiederholen.

Reizblase

Die Reizung der Blasenschleimhaut kann bakteriell, allergisch oder psychosomatisch bedingt sein. Sollte die Reizblase durch eine Allergie ausgelöst werden, muß ein Naturheilkundiger mit dem Spezialgebiet »Allergiebehandlung« aufgesucht werden. Achten Sie zu jeder Jahreszeit darauf, daß Ihr Kind warme Füße hat und nicht friert. Viel trinken hilft, Erreger und Allergene auszuscheiden, und stärkt die Blasenfunktion.

Einzeln verwendbare Heilkräuter: Brennessel, Johanniskraut, Melisse, Schachtelhalm.

Heiltees (Aufguß)

Gewebekräftigender, nervenstärkender Tee

Schachtelhalmkraut 60 g
Zitronenmelissenblätter 40 g

Entzündungshemmender, ausgleichender Tee

Brennesselkraut 50 g
Schachtelhalmkraut 30 g
Johanniskraut 20 g

Antibakteriell, antiallergisch wirkender Tee

Pfefferminzblätter 35 g
Rotbuschblätter 30 g
Goldrutenkraut 20 g
Stiefmütterchenkraut 15 g

☆ *Empfehlenswerte Obstsäfte als Zusatz: Apfel-, Birnen und Johannisbeersaft.*

Fußbad, Sitzbad oder Vollbad

(entspannend, gewebekräftigend)

Schachtelhalm 70 g
Johanniskraut 50 g
Melisse 30 g

☆ *Diese Mischung eignet sich auch als Auflage oder Wickel auf den Blasen-Nieren-Bereich und zur Stärkung der Organfunktion.*

Schlafstörungen

Versuchen Sie herauszufinden, wodurch die Störung hervorgerufen wird, und bereiten Sie Ihr Kind auf den Schlaf vor! Der täglich gleiche Ablauf vor dem Zubettgehen und feste »Bettzeiten« fördern das Einschlafen. Erzählen Sie Ihrem Kind eine Gute-Nacht-Geschichte und sprechen Sie gemeinsam ein Gebet. Das beruhigt und vermittelt Sicherheit und Geborgenheit.

Einzeln verwendbare Heilkräuter: Anis, Apfelschalen, Baldrian, Hopfen, Johanniskraut, Kamille, Lavendel, Orangenblüten, Pfefferminze, Rotbusch, Thymian, Weißdorn, Zitronenmelisse.

Heiltees (Aufguß)

Beruhigender und entspannender Tee, sorgt für erholsamen Schlaf

Kamillenblüten 35 g
Anisfruchte 30 g
Baldrianwurzel 20 g
Weißdornblätter mit -blüten 15 g

oder

Apfelschalen, Johanniskraut zu gleichen Teilen mischen.

oder

Kamillenblüten 30 g
Orangenblüten 25 g
Zitronenmelissenblätter 25 g
Hopfenzapfen 20 g

☆ *Den Heiltees ein bis zwei Teelöffel Honig pro Tasse zugeben.*
☆ *Siehe auch unter »Beruhigungstee«.*

Vollbad, Sitzbad oder Fußbad, Waschung, Wickel

(beruhigend, entspannend, schlaffördernd)

Lavendelblüten
Thymiankraut
Zitronenmelissenblätter

Schnupfen

Wichtig: Beim Schneuzen immer ein Nasenloch zuhalten, um zu verhindern, daß der Schleim in die Nasennebenhöhlen gedrückt wird. Ihr Kind soll sehr viel trinken, dann bleibt der Schleim flüssig und löst sich leichter. Chemische Nasentropfen unbedingt vermeiden! Sie lassen die Nasenschleimhaut schnell abschwellen, führen aber zu einer Reizung und Degeneration der Nasenschleimhaut.

Einzeln verwendbare Heilkräuter: Brombeere, Hagebutte, Holunder, Kamille, Königskerze, Linde, Spitzwegerich, Thymian.

Heiltees (Aufguß)

Schleimlösender, entzündungshemmender Tee

Holunderblüten 45 g
Kamillenblüten 30 g
Königskerzenblüten 25 g

Schleimlösender, antimikrobiell wirkender Tee

Thymiankraut
Kamillen- oder Lindenblüten

☆ *Kräuter zu gleichen Teilen mischen.*

Haustee für die restliche Familie, abwehrsteigernd, schleimlösend

Brombeerblätter 35 g
Lindenblüten 25 g
Hagebutten 20 g
Spitzwegerichblätter 20 g

☆ *Empfehlenswerte Obstsäfte als Zusatz: Apfel-, Birnen-, Johannisbeer- und Traubensaft.*

Inhalation

(entzündungshemmend)

Kamillenblüten
Thymiankraut

Biologisches Nasenspray

(abschwellend, desinfizierend)

Thymiankraut und Kamillenblüten zu gleichen Teilen mischen. Emser Sole Nasenspray (N_1, aus der Apotheke) mit dem Tee der Mischung auffüllen und mehrmals täglich zwei Sprühstöße in beide Nasenlöcher einsprühen.

Übelkeit und Erbrechen

Übelkeit und Erbrechen sind vieldeutige Krankheitszeichen. Die Ursache sollte unbedingt aufgedeckt werden, denn nur dann kann man mit dem passenden Heilmittel gezielt behandeln, z. B. bei Keuchhusten. Wichtig: Zwingen Sie Ihr Kind nicht zum Essen und sorgen Sie für die Zufuhr von Flüssigkeit in kleinen Mengen.

Einzeln verwendbare Heilkräuter: Anis, Baldrian, Brombeere, Himbeere, Holunder, Johanniskraut, Kamille, Löwenzahn, Zitronenmelisse, Pfefferminze, Schafgarbe.

Heiltees (Aufguß)

Tee bei Infektionskrankheiten

Holunderblüten 30 g
Kamillenblüten 25 g
Himbeerblätter 25 g
Anisfrüchte 20 g

Ausgleichender Tee, bei Nervosität

Johanniskraut 55 g
Pfefferminzblätter 30 g
Baldrianwurzel 15 g

Kräftigender Tee

Zitronenmelissenblätter 35 g
Brombeerblätter 25 g
Löwenzahnwurzel mit -kraut 25 g
Schafgarbenkraut 15 g

☆ *Empfehlenswerte Obstsäfte als Zusatz: Apfel-, Heidelbeer-, Johannisbeer- und Traubensaft.*

Bauchwickel und Auflage

☞ Kamillenblüten
Pfefferminzblätter

Vollbad

Zitronenmelissenblätter
Schafgarbenkraut

Einlauf

(reinigend, abwehrsteigernd)
Kamillenblüten

Verstopfung

Auch bei gesunden Kindern ist der Stuhlgang oft unregelmäßig. Wichtig ist, daß Ihr Kind viel trinkt und das Richtige ißt. Säuglinge, die gestillt werden, scheiden oft nur einmal pro Woche Stuhl aus. Wenn Ihr Kind krank ist, wenig ißt und sich kaum bewegt, ist es normal, daß auch der Stuhl selten und fest wird.

Einzeln verwendbare Heilkräuter: Hibiscus, Kamille, Kümmel, Stiefmütterchen, Thymian, Pfefferminze, Löwenzahn, Zitronenmelisse.

Heiltees (Aufguß)

Mild verdauungsanregender Tee
Hibiscusblüten 50 g
Kamillenblüten 30 g
Orangenschalen 20 g

Verdauungsanregender, krampflösender Tee
Pfefferminzblätter 40 g
Kamillenblüten 30 g
Melissenblätter 20 g
Süßholzwurzel 10 g

Leicht abführend wirkender Tee
Stiefmütterchenkraut, Löwenzahnwurzel mit -kraut und Süßholzwurzel zu gleichen Teilen mischen (je 30 g)

☆ *Die Heiltees mit Honig (verdauungsanregend) süßen.*
☆ *Verdauungsfördernde Obstsäfte: Birne, Holunder, Johannisbeere, Pflaume und Kirsche.*

Auflage oder Wickel

Thymiankraut
Kamillenblüten
Lavendelblüten

Einlauf

(auch für Säuglinge geeignet!)

Mit einem lauwarmen Tee aus Eibischwurzeln oder Kamillenblüten.

Wachstumsstörungen

Das Wachstum beim Kind bedeutet auch Entwicklung und Entfaltung der Persönlichkeit. Ist die körperliche Entwicklung nicht mit der seelischen Entwicklung im Einklang, kommt es zu verschiedenen Beschwerden wie Schmerzen allgemein, Schwindel, Hysterie etc. Der mit dem Wachstum verbundene Drang zur Selbständigkeit muß unterstützt, nicht unterdrückt werden.

Einzeln verwendbare Heilkräuter: Johanniskraut, Zitronenmelisse, Weißdorn, Schachtelhalm, Stiefmütterchen.

Heiltees (Aufguß)

Stärkend, aufbauend, ausgleichend und beruhigend wirkender Tee

Schachtelhalmkraut 50 g
Melissenblätter 40 g
Johanniskraut 30 g

Bei diesem Tee muß die Dosierung erhöht werden, d. h. der Aufguß wird mit zwei bis drei Teelöffeln der Mischung für 250 ml Wasser zubereitet.

oder

Johanniskraut 60 g
Weißdornblüten mit -blättern 25 g
Stiefmütterchenkraut 15 g

☆ *Durch die Zugabe von Honig wird die ausgleichende und kräftigende Wirkung der Heiltees verstärkt.*
☆ *Empfehlenswerte Obstsäfte als Zusatz: Birne, Himbeere oder Traube.*

Vollbad

Zitronenmelissenblätter 50 g
Schachtelhalmkraut 50 g

oder

Schafgarbenkraut 50 g
Lavendelblüten 50 g

Warzen

Warzen entstehen durch einen Virus. Um die Warze bzw. Warzen nachhaltig zum Verschwinden zu bringen, muß das Immunsystem verbessert und stabilisiert werden. Dies kann nur von innen geschehen. Auch die Psyche darf nicht unberücksichtigt bleiben, denn Kummer, Streß und andere Belastungen schwächen erwiesenermaßen die Abwehr. Zusätzlich sollten Sie die Warzen auch von außen behandeln.

Einzeln verwendbare Heilkräuter: Hagebutte, Johanniskraut, Ringelblume, Rotbusch, Schafgarbe, Löwenzahn.

Heiltee (Aufguß)

(abwehrsteigernd, blutreinigend und kräftigend)

Hagebutten 25 g
Johanniskraut 25 g
Ringelblumenblüten 25 g
Schafgarben- oder Löwenzahnkraut 25 g

☆ *Empfehlenswerter Obstsaft als Zusatz: Johannisbeere.*

Äußerlich:

☞ Die Warze mehrmals täglich mit dem Saft der Ringelblume oder Johannisbeere betupfen.

Windeldermatitis

Kommt häufig in der Zeit des Zahnens vor! Das geschwächte Immunsystem und die damit verbundenen aggressiven Stühle begünstigen die Infektion im luftdicht abgeschlossenen Windelbereich. Halten Sie Ihr Kind sauber und trocken, denn nur so kann die Entzündung abheilen.

Einzeln verwendbare Heilkräuter: Kamille, Kümmel, Stiefmütterchen, Rotbusch, Ringelblume, Schachtelhalm, Thymian.

Heiltees (Aufguß)

Darmflora normalisierender, antimikrobiell und entzündungshemmend wirkender Tee

Kamillenblüten, Kümmelfrüchte und Thymiankraut zu gleichen Teilen mischen.

Antimikrobiell wirkender, reinigender und ausgleichender Tee (Mischung I)

Rotbuschblätter 70 g
Thymiankraut 30 g

oder (Mischung II)

Kamillenblüten 50 g
Schachtelhalmkraut 30 g
Thymiankraut 20 g

☆ *Verwenden Sie keine Obstsäfte als Zusatz!*

Waschungen und Sitzbäder

(wundheilend, entzündungshemmend, antimikrobiell)

Stiefmütterchenkraut, Eichenrinde, Rotbuschblättern, Kamillenblüten, Schachtelhalmkraut, Ringelblumenblüten, Thymiankraut oder Heiltee-Mischung II.

Würmer

Naturheilmittel, wie rohes Sauerkraut, Knoblauch, Zwiebeln und Karotten, sind bekannt als wirksame Wurmmittel. Aber auch Heiltees wirken verdauungsanregend und wurmtreibend. Achten Sie außerdem peinlichst genau auf Hygiene!

Einzeln verwendbare Heilkräuter: Anis, Thymian, Süßholz, Schafgarbe, Pfefferminze, Löwenzahn.

Heiltees (Aufguß)

Wurmtreibender Tee

Thymiankraut 50 g
Süßholzwurzel 20 g
Zitronenschalen 15 g

Wurmtreibender, verdauungsanregender Tee

Schafgarbenkraut 35 g
Pfefferminzblätter 50 g
Anisfrüchte 15 g

oder

Löwenzahnwurzel mit -kraut 50 g
Pfefferminzblätter 30 g

Einlauf (Aufguß)

(antimikrobiell, juckreizstillend)

Thymian- und Schafgarbenkraut zu gleichen Teilen mischen.

Zahnschmerzen

Im Kindesalter sind meist kariöse Zähne schuld an den Zahnschmerzen. Ein Zahnarztbesuch ist in diesem Fall unentbehrlich. Mit den Heiltees können Sie Ihr Kind beruhigen, die Schmerzen lindern und so die Zeit bis zum Zahnarzttermin überbrücken.

Einzeln verwendbare Heilkräuter: Johanniskraut, Kamille, Melisse, Schafgarbe, Pfefferminze, Schachtelhalm, Stiefmütterchen.

Heiltees (Aufguß)

Schmerzlindernder, beruhigender Tee

Johanniskraut, Kamille, Melisse und Pfefferminze zu gleichen Teilen mischen.

oder

Orangenblüten 30 g
Johanniskraut 25 g
Kamillenblüten 25 g
Schafgarbenkraut 20 g

☆ *Empfehlenswerte Obstsäfte als Zusatz: Rote Johannisbeere, Heidelbeere und Kirsche.*

Mundspülung (Aufguß)

(schmerzlindernd)

Stiefmütterchenkraut 50 g
Schachtelhalmkraut 40 g
Gewürznelken 5 g

Kalte Auflage auf die Wange

(schmerzlindernd)
Pfefferminztee

Zahnungsbeschwerden

Während des Durchbrechens der ersten Zähne entstehen Beschwerden, wie Infektanfälligkeit, Durchfall, Unruhe, plötzliches nächtliches Aufschreien und andere Symptome. Heiltees unterstützen und erleichtern das Zahnen auf natürliche Weise.

Einzeln verwendbare Heilkräuter: Anis, Apfelschalen, Himbeere, Kamille, Hopfen, Johanniskraut, Lavendel, Zitronenmelisse, Rotbusch, Stiefmütterchen.

Heiltees (Aufguß)

Schmerzlindernder, entzündungshemmender, beruhigender Tee

Kamillenblüten 60 g
Johanniskraut 40 g

Entspannender, schmerzstillender, entzündungshemmender Tee

Stiefmütterchenkraut 45 g
Melissenblätter 40 g
Lavendelblüten 15 g

Ausgleichend und beruhigend wirkender Tee

Rotbuschblätter 60 g
Apfelschalen 40 g

☆ *Die beruhigende Wirkung der Heiltees kann durch die Zugabe von Honig verstärkt werden.*

☆ *Empfehlenswerter Obstsaft als Zusatz: Apfel-, Heidelbeer- und Johannisbeersaft.*

Tee bei Zahnungsdurchfällen

Kamillenblüten 35 g
Himbeerblätter 30 g
Anisfrüchte 20 g
Hopfenzapfen 15 g

oder

Kamillenblüten 50 g
getrocknete Heidelbeeren 30 g

☆ *Empfehlenswerter Obstsaft als Zusatz: Heidelbeersaft.*

Vollbad

(beruhigend und entspannend)

Melissenblätter
Lavendelblüten

Teerezepte für jede Gelegenheit

Blutreinigungstees

☆ *Entschlackt den Körper und regt die Organfunktionen an*

Brennesselkraut 35 g
Holunderblüten 35 g
Schafgarbenkraut 15 g
Stiefmütterchenkraut 15 g

oder

Brennesselkraut 20 g
Löwenzahnwurzel mit -kraut 15 g
Pfefferminzblätter 25 g
Schachtelhalmkraut 25 g
Süßholz 15 g
Verveine 25 g

☆ *Die reinigende Wirkung kann durch den Zusatz von Obstsäften verstärkt werden.*

Erfrischungstees

☆ *Für »Arbeit, Sport und Spiel«*

Hibiscusblüten 50 g
Apfelstücke mit -schalen 30 g
Orangenschalen 20 g

oder

Hibiscusblüten 60 g
Waldmeisterkraut 20 g
Zitronenmelissenblätter 20 g

Ice-Tea

☆ *Der ideale Durstlöscher für heiße Tage*

Hibiscusblüten 25 g
Melissenblätter 25 g
Pfefferminzblätter 20 g
Lindenblüten 20 g
Waldmeisterkraut 15 g
Verveine 15 g
eine zerkleinerte Zimtrinde

Haustees

☆ *Für die ganze Familie*

Himbeerblätter 40 g
Hagebutten 40 g
Rosinen 30 g
Verveine 20 g
Brombeerblätter 10 g
Waldmeisterkraut 10 g

oder

Himbeerblätter 40 g
Hibiscusblüten 35 g
Apfelstücke 35 g
Zitronenmelissenblätter 25 g
getrocknete Heidelbeeren 25 g

Sommertraum

☆ *Lieblicher Tee für jede Tages- und Jahreszeit*

Hagebutten 30 g
Apfelstücke 30 g
Malvenblüten 20 g
Orangenschalen 10 g

Lindenblüten 10 g
1 Vanilleschote, geschnitten

Wintermärchen

☆ *Hebt die vorweihnachtliche und weihnachtliche Stimmung*

Apfelstücke 30 g
Brombeerblätter 20 g
Hibiscusblüten 20 g
Hagebutten 20 g
Rosinen (Korinthen) 20 g
Holunderbeeren 20 g
Orangenschalen 10 g
Zitronenschalen 10 g
Zimtrinde 5 g, Nelken 5 g

Vier-Jahreszeiten-Tee

☆ *Die einzelnen Heilpflanzen symbolisieren den Frühling, Sommer, Herbst und Winter. Der Tee reinigt den Körper, stärkt die Abwehrkräfte und gleicht emotionale Schwankungen aus.*

Brennesselkraut 25 g
Zitronenmelissenblätter 25 g
Johanniskraut 25 g
Hagebutten 25 g

Frühstückstees

☆ *Für einen guten Start in den Tag*

Zitronenmelissenblätter 25 g
Hagebutten 25 g
Ringelblumenblüten 20 g
Johanniskraut 20 g
Brennesselkraut 15 g
Himbeerblätter 15 g

oder

Rotbuschblätter 25 g
Zitronenmelissenblätter 20 g
Johanniskraut 20 g
Pfefferminzblätter 15 g

Gute-Nacht-Tee

☆ *Sorgt für einen guten, erholsamen Schlaf*

Zitronenmelissenblätter 40 g
Apfelschalen 40 g
Kamillenblüten 35 g
Anisfrüchte 35 g
Brombeerblätter 30 g
Pfefferminzblätter 20 g

Beruhigungstees

☆ *Entspannt und gleicht aus*

Apfelschalen 40 g
Johanniskraut 30 g
Zitronenmelissenblätter 25 g
Kamillenblüten 15 g

oder

Rotbuschblätter 30 g
Apfelschalen 20 g
Lindenblüten 25 g
Orangenblüten 25 g

☆ *Die Wirkung und der Geschmack des Beruhigungstees kann durch ein bis zwei Teelöffel Honig oder etwas Apfelsaft verbessert werden.*

Säuglingstees

☆ *Mild und gut verträgliche Teemischung, stärkt die Organfunktionen*

Melissenblätter 30 g
Fenchelfrüchte 25 g
Kamillenblüten 25 g
Anisfrüchte 20 g

oder

Fenchelfrüchte 30 g
Anisfrüchte 30 g
Kümmelfrüchte 20 g

oder

Melissenblätter 40 g
Fenchelfrüchte 30 g
Schachtelhalmkraut 30 g

oder

Rotbuschblätter 30 g
Orangenblüten 20 g
Verwenden Sie bei dieser Teemischung keine Obstsäfte als Zusatz!

Kindertee

☆ *Mild und angenehm zu trinken*

Hagebutten 40 g
Malvenblüten 30 g
Apfelstücke 30 g
2 Vanilleschoten, geschnitten

Gute-Laune-Tee

☆ *Hebt die Stimmung*

Himbeerblätter 50 g
Zitronenmelissenblätter 35 g
Johanniskraut 25 g
Lavendelblüten 10 g

Stärkungstees

☆ *Stärkt auf körperlicher und geistiger Ebene*

Hagebutten 30 g
Zitronenmelissenblätter 30 g
Brennesselkraut 20 g
Himbeerblätter 20 g

oder

Johanniskraut 30 g
Schafgarbenkraut 30 g
Thymiankraut 40 g

Lieblingstee

☆ *Sehr beliebte Teemischung, nicht nur bei Kindern*

Apfelstücke 40 g
Hibiscusblüten 30 g
Zitronenmelissenblätter 25 g
Orangenblüten 20 g
Verveine 15 g
Vanilleschote, geschnitten 10 g

Früchtetee

☆ *Der Tee für jede Tages- und Nachtzeit*

Hibiscusblüten 30 g
Hagebutten 30 g

Apfelstücke 25 g
Rosinen (Korinthen) 25 g
Ringelblumen 20 g

Schultees

☆ *Fördert und verbessert die Konzentrationsfähigkeit*

Baldrianwurzel 20 g
Brennesselkraut 40 g
Zitronenmelissenblätter 40 g

oder

Rotbuschblätter 30 g
Pfefferminzblätter 25 g
Weißdornblätter mit -blüten 25 g
Johanniskraut 20 g

Kinderpunsch

☆ *Punschersatz für die kleinen Erwachsenen*

Malvenblüten 40 g
Rosinen (Korinthen) 35 g
Apfelstücke 30 g
Waldmeisterkraut 25 g
Orangenschalen 20 g

Heilkräutertees für die stillende Mutter (Aufguß)

☆ *Fördert die Milchbildung, wirkt ausgleichend und stärkt über die Muttermilch die Organfunktion Ihres Babys*

Zitronenmelissenkraut 30 g
Brennesselkraut 25 g
Anisfrüchte 25 g
Fenchelfrüchte 20 g

oder

Fenchelfrüchte 20 g
Brennesselkraut 20 g
Ringelblumenblüten 20 g
Johanniskraut 15 g
Anisfrüchte 15 g
Kümmelfrüchte 10 g

oder

Rotbuschblätter 55 g
Orangenblüten 30g
Zitronenschalen 15 g

Literatur

Nijaz Abadzic, Die Honig Apotheke, Ullstein Verlag, Berlin 1994
Dr. med. M. O. Bruker, Rudolf Ziegelbecker: Vorsicht Fluor, Emu Verlag, 1986
Dieter Ennet, Hans D. Reuter: Lexikon der Pflanzenheilkunde, Hippokrates Verlag, 1998
Konrad Kölbl: Kölbl's Kräuterfibel, Reprint-Verlag Konrad Kölbl, München 1995
Monika Mayer: ABC der Heilerde, Peter Erd Verlag, München 1998
Ingeborg Münzing-Ruef: Kursbuch gesunde Ernährung, Verlag Zabert Sandmann, 1996
Halima Neumann: Stop der Azidose, Allergien und Haarausfall, Fürhof Verlag, Starnberg 1991
Dr. med. H. Niederhoff: Kinderkrankheiten von A-Z, Herder Verlag, Freiburg 1996
Apotheker M. Pahlow: Das große Buch der Heilpflanzen, Gräfe und Unzer Verlag, München 1993
Johanna Paunger/Thomas Poppe: Vom richtigen Zeitpunkt, Heinrich Hugendubel Verlag, München 1991
Prof. Dr. Heinz Schilcher: Phytotherapie in der Kinderheilkunde, Wissenschaftliche Verlagsgesellschaft, Stuttgart 1992
Dr. med. Hermann Michael Stellmann: Kinderkrankheiten natürlich behandeln, Gräfe und Unzer Verlag, München 1997
Dr. med. Christian Wanger: Mit Heilkräutern schön und gesund, Omnibus Verlag, Wien 1978
Dr. Jörg Zittlau/Apotheker Michael Helfferich: Heilpflanzen unserer Heimat, Ludwig Verlag, München 1997

Heilanwendungen der ABC-Reihe: Nachschlagen und sofort Rat finden

Jörg Linditsch
ABC der Zwiebel
ISBN 3-8138-0482-8

Ulja Krautwald
ABC des Grünen Tees
ISBN 3-8138-0480-1

- **Die Anwendungen sind von A–Z angeordnet und bieten die schnellste Information für jedes Bedürfnis!**
- **Zu jeder Anwendung werden zusätzliche Tips aus anderen Bereichen des Alternativen Heilens geboten.**
- **Die Umschlagklappen enthalten praktische Übersichtstabellen!**

Bücher aus dem Peter-Erd-Programm finden Sie im Buchhandel.
Fordern Sie das kostenlose Gesamtverzeichnis an bei:
Verlag Peter Erd, Gaißacher Straße 18, 81371 München
Tel. (089) 725 30 04, Fax (089) 725 01 41